Comunicación

Mejorar las habilidades de comunicación interpersonal
para fomentar asociaciones románticas más resistentes

*(Formas de mejorar las habilidades de comunicación y
la inteligencia social a través de hábitos y ejercicios
diarios)*

SAMIR JAVIER BELTRAN

TABLA DE CONTENIDOS

Introducción 1

Los Principios Rogerianos Que Rigen Una Relación . 5

Paradigmas Y Prácticas En La Comunicación Educativa. 24

Los Paradigmas Básicos 29

Adquiera Habilidades Para Emplear Expresiones Que Generen Atracción 41

La Sociedad De La Información Posmoderna Y Posindustrial 46

Una Escuela De Periodismo Y Más Allá 52

¿Cuál Es La Definición De La Comunicación Telepática? 68

El Lenguaje De La Radio 91

Adquiriendo Un Mayor Entendimiento Para Mejorar Nuestra Habilidad Comunicativa 121

La Capacidad De Validar 132

Los Orígenes De La Comunicación No Verbal: 154

Los Canales De Comunicación Propios 158

Lo Universal En Lo Mundano. De La Modalidad Presencial De Carácter Físico A La Alternativa Digital 181

Introducción

Este escrito nace del deseo de ayudar en el desarrollo y formación de cualquier persona, tanto dentro como fuera de un entorno empresarial. Está destinado específicamente a aquellos que están empleados al servicio de otros. Su cosecha está determinada por un largo camino de reflexiones, experiencias, ideas y pensamientos que, una vez deliberados y organizados, adquieren una importante prioridad en el ámbito de la acción.

En el ámbito de la ciencia médica se establece que, en ausencia de conocimiento detallado acerca de un virus específico, resulta un desafío considerable determinar un tratamiento efectivo. Se requiere, en esencia, de un minucioso examen y estudio exhaustivo del patógeno en cuestión con el propósito de concebir una vacuna idónea que permita prevenir desenlaces lamentables para las personas afectadas. En el presente contexto, considerando la problemática comunicativa previamente identificada, resulta imperativo que asumamos nuestra responsabilidad en la implementación de una solución idónea y efectiva, en aras de prevenir posibles fallos empresariales. Desafortunadamente, diversas organizaciones en distintas partes del mundo han adoptado esta situación como un síntoma común, y lamentablemente Latinoamérica no se encuentra ajena a ello.

A medida que progrese en la lectura de este libro, se percatará de que la solución a los conflictos en materia de comunicación se encuentra disponible en su posesión.

La comunicación opera en todo momento. Un texto globalmente difundido puede contribuir a la liberación de la humanidad del castigo perenne, dado que proporciona las orientaciones pertinentes para fomentar el amor hacia nuestro prójimo, así como hacia uno mismo. ¿Sería usted capaz de no desarrollar o mantener una adecuada autoestima? En caso de que no entable conversación o establezca contacto con otro individuo, y no busque obtener información, no estará proporcionando ayuda a usted mismo ni a ningún otro.

Si uno elige no considerarlo desde una perspectiva bíblica o espiritual, entonces puede verse desde un punto de vista legal. En múltiples naciones, se establece en la Constitución como un derecho fundamental la obtención de comunicación e información adecuada. Si se trabaja en servicio público, existe la obligación de respetar y cumplir con las disposiciones constitucionales y garantizar la protección de los derechos ciudadanos. Si se desea obtener certificaciones de estándares internacionales, como la ISO 9001 que exige la existencia de satisfacción del cliente a través de un trato digno, es imperativo priorizar la mejora de la comunicación en la prestación de servicios e interacciones con el cliente.

Por lo tanto, ¿Cuál es la causa subyacente de los impedimentos en la comunicación? Debido a que el compromiso con la comunicación debe ser firme y sólido.

Los Principios Rogerianos Que Rigen Una Relación.

En tiempos pasados, un joven de nombre Carl Rogers (de donde proviene la corriente rogeriana) optó por abandonar su carrera en agricultura y plantas para emprender un camino en la teología y, posteriormente, en la psicología, en consecuencia a su vocación por prestar ayuda a los demás. No obstante, las plantas continuaron siendo una fuente de inspiración significativa para él, y su enfoque científico riguroso enriqueció sus teorías en el campo de la psicología. Digamos que la perspectiva científica de la biología acompañó a Rogers a lo largo de su trayectoria de desarrollo profesional. Me permito hacer referencia a esto dado que la preponderancia empírica de sus contribuciones fueron el factor habilitante que concretó la transición paradigmática que él construye y afirma: la Terapia Centrada en la Persona.

Fundamentalmente, la contribución de Rogers radica en la premisa de que las terapias que se fundamentan en diagnósticos de patologías psicológicas tienden a obstaculizar el proceso de curación del individuo. La metodología de Rogers implica una terapia que no se centra en la figura del experto profesional que analiza, diagnostica y trata a un individuo; por ende, su enfoque fue completamente innovador y, hasta el momento, aún no ha sido del todo comprendido. Sin embargo, ha sorprendido gratamente por su efectividad. La crisis derivada de este cambio de perspectiva se refleja en el autocuestionamiento en el que se involucra el propio Rogers:

Durante los primeros años de mi carrera profesional, solía reflexionar sobre la cuestión de cómo podía tratar, curar o modificar a una persona. Sin embargo, con el tiempo mi enfoque se ha desplazado hacia la exploración de las posibilidades de desarrollar una relación que pueda facilitar el propio crecimiento de un individuo.

Carlos Rogers

Lo que Carl Rogers había observado en el comportamiento humano, presentaba una analogía con el proceso de germinación de una semilla. Cada uno de nosotros posee el potencial interno para lograr la curación personal y el crecimiento humano. En efecto, dicho potencial es identificado como la corriente de actualización, la cual se refiere a nuestro yo interno en constante cambio[6].

En consecuencia, para que se produzca la transformación interna que se requiere, es imprescindible contar con ciertas disposiciones interpersonales que se traduzcan en actitudes propicias a este fin. Tal situación supone una tarea humana desafiante y esclarecedora que demanda ser enfrentada en el contexto actual. Las veamos...

Primera condición: Autenticidad.

Esta premisa implica que en el contexto de una relación, debo ser genuino en cuanto a mis sentimientos más profundos, incluso aquellos que son viscerales y orgánicos, como una sensación de malestar estomacal, además de evitar cualquier recurso a actitudes artificiales que no se alineen con lo que emana de mi interior.

En una relación interpersonal, es fundamental tener conciencia de nuestros propios sentimientos a fin de ser genuinos y facilitar que el otro individuo persiga su autenticidad de igual manera. De hecho, según Rogers, la autenticidad es de suma importancia.

Este componente fundamental brinda una gran confianza en las interacciones interpersonales. Realmente, tengo la costumbre de cuestionar: ¿no sería conveniente experimentar una mayor sensación de serenidad al saber que la contraparte se comportará con autenticidad al expresar sus sentimientos y ser capaz de comunicar cualquier necesidad o incomodidad? Afirmo inequívocamente que la respuesta es siempre afirmativa. En verdad, constituye un gesto hermoso hacia los otros y hacia nosotros mismos.

Segunda condición: Aceptación.

El propósito de esto radica en mi capacidad para demostrar una actitud cálida y considerada hacia los demás, en reconocimiento a su mera existencia como seres humanos, sin tener en cuenta sus acciones, comportamiento o estado. La aceptación mutua juega un papel crítico en la construcción de relaciones sólidas, ya que la necesidad de satisfacer a los demás y ser aceptado por ellos parece conferir una sensación de seguridad interna de gran relevancia en nuestras interacciones sociales.

Tercera condición: Comprensión.

"Este es el deseo de comprender el mundo de los demás". (utilizando un lenguaje más formal, como evitar la contracción "quiero" y reemplazar "el otro" por "otros") Es un cordial recibimiento para cada uno de los sentimientos y expresiones que se manifiestan en la otra persona tal como se le presentan. Esta es mi disposición para acoger la experiencia personal de otros, un encuentro que a menudo tiene la sensación de ser la convergencia de dos mundos distintos, una experiencia impresionante y novedosa.

Recuperar la experiencia vivida por el otro e indagar en sus sentimientos y sensaciones durante dicha vivencia ¿es posible? ¿Cuál es el significado de que todo sea para él o para ella? No es necesario expresar ni emitir juicios, es preciso empatizar con la perspectiva ajena para comprender el mundo desde su punto de vista.

La presente condición se halla ligada a la habilidad de prestar atención a los demás, temática que exploraremos en mayor detalle debido a que constituye una herramienta fundamental para la reparación de las relaciones interpersonales.

Medio ambiente vincular posibilitante

¿Qué hace que estas tres condiciones sean tan significativas? A medida que entran en juego dentro del espacio relacional, permiten la libertad interna para explorar incluso los aspectos más desafiantes, vergonzosos y aterradores de la personalidad de uno. La libertad de profundizar en los propios entresijos internos es una precondición fundamental en las relaciones, particularmente en las asistenciales, donde la ausencia de diagnósticos y juicios analíticos es imperativa para evitar que surjan barreras y angustias.

El objetivo rogeriano de aliviar la ansiedad en nuestras relaciones es revolucionario en su intento de desmantelar las construcciones engorrosas de juicios y evaluaciones, y en su lugar fomentar la sensible libertad interpersonal defendida por estas tres condiciones. Este enfoque permite a los individuos despertar y desplegar sus propias inclinaciones, que pueden estar latentes, en el camino hacia la madurez y realización personal.

Por consiguiente, la probabilidad de efectuar dicha transformación se ve sustancialmente reforzada y podría vernos propulsados hacia su materialización, gracias a un contexto social capaz de percibir las facetas humanas de nuestra existencia, tanto las incómodas, desagradables, tristes o angustiantes como las sensibles, valerosas o conmovedoras. Un clima de enlace que facilita la interacción humana es aquel que valida todas las experiencias consideradas humanas.

Crecer

Para el desarrollo de una persona es esencial contar con un entorno comunicativo exento de juicios negativos. Cuando existe una crítica, se evidencia la necesidad de una pausa reflexiva, una reevaluación y una potencial reestructuración, dando cuenta de la presencia de una situación desafiante. Tal es el impulso que subyace la emisión de críticas, siendo éstas procedentes y adecuadas solamente cuando resulten necesarias y solicitadas. Este fenómeno obedece a que existen crisis que resultan esenciales, al igual que el estímulo positivo que proporciona el ejercicio físico o una actividad deportiva. Del mismo modo, existe un estrés vital que, en tiempos de crisis, puede conceder una mayor toma de conciencia y profundidad personal.

No obstante, existen entornos interpersonales caracterizados por una alta presencia de dicha energía crítica, lo que deriva en obstrucciones frecuentes que obstaculizan el curso del desarrollo. Incluso hasta el punto de que determinadas actitudes exigen un nivel de madurez emocional. Se sabe, por ejemplo, que la depresión de una persona es expresión de todo un entorno social crítico que se manifiesta en su estado emocional y fisiológico[7], alterando el funcionamiento de sus glándulas endocrinas.

Conforme a lo acontecido, se puede observar que la crítica nos conduce hacia aquellos ámbitos internos en los cuales nos sentimos como un infante incapaz e inseguro, donde las habilidades y destrezas parecen inalcanzables, asemejándose a un niño que debido a su etapa de desarrollo no puede ejecutar o dominar ciertas acciones con éxito. Estos contextos relacionales carecen de oportunidades para el desarrollo individual, favoreciendo en su lugar un enfoque centrado en el reclamo personal.

Sin embargo, es esencial para nuestra organización experimentar un desarrollo significativo, mientras valoramos nuestros avances. En este sentido, a pesar de que las críticas bien intencionadas y cautelosas son necesarias, pueden actuar como un obstáculo para el crecimiento personal. ¿Existen alternativas disponibles que puedan fomentar nuestro progreso? Sí. Además de conferir una autenticidad, aceptación y comprensión al entorno humano, podemos desplegar una calidad luminosa y divina: la admiración.

Número 61 - Adquirir conocimiento de la demografía de la audiencia que se encontrará. Su estrategia estará en función de él.

En las prestigiosas instituciones académicas de negocios, a saber IESE, IE, ESADE y ESIC, se adquiere una cantidad significativa de conocimientos y habilidades. Los costos asociados con los cursos, programas y másteres que ofrecen son considerablemente elevados y pueden estar fuera del alcance financiero de muchos. En contraste, suelen contribuir significativamente al valor agregado. Siempre les recalco a mis estudiantes que los programas de posgrado que resultan más exitosos y demandados no son necesariamente los de menor costo, sino aquellos que ofrecen mayores ventajas y beneficios.

El enfoque educativo basado en la metodología del caso es ampliamente empleado en dichas instituciones académicas. Un caso real es abordado de forma individual, grupal y también en la sesión plenaria de la clase. Durante dicho proceso y mediante la interacción estudiantil y docente, se generan nuevos niveles de comprensión y adquisición de conocimientos. Por lo general, los casos van acompañados de notas técnicas que encarnan la esencia académica del tema. En una publicación del IESE, confeccionada por el docente en cuestión. La obra ha sido ejecutada bajo la supervisión del Profesor Neill. Estimado Leggett, quisiera compartir con usted la clasificación de públicos propuesta por Jeffrey Anderson que encuentro particularmente interesante. Conforme a esta clasificación, el primer grupo es identificado como "Amistoso", para el cual se recomienda que nuestra estrategia se enfoque en el reforzamiento de sus convicciones. 2) La audiencia parece carecer de entusiasmo y se presenta como un grupo desafiante para persuadir de la relevancia del tema. Primero, es necesario brindar información al individuo desinformado para luego comenzar a abordar metas más amplias y significativas. Dada su disposición hostil, es imperativo que les mostremos respeto tanto a ellos como a sus puntos de vista. El nivel máximo de respuesta que se puede esperar de este público es la obtención de su respeto, lo que a su vez permitiría una audiencia más receptiva a sus ideas. Resulta imperativo ofrecerles información novedosa que perciban como relevante, previo a requerir su cambio de actitud o conducta.

Al enfrentarse a una audiencia desconocida, procure taxonomizarla en base a su actitud tanto hacia su persona como hacia la temática expuesta. De acuerdo con su perfil, se le requerirá llevar a cabo ciertas tareas y evitar otras. No cometa error alguno: a cada individuo le es pertinente una estrategia única y personalizada.

La distancia media. Captación de clientes a través de técnicas de comunicación grupal

1962- Fomente la participación del público. La capacitación de tipo colaborativo se ha llevado a cabo.

La mayoría de las personas encuentra la formación tediosa. Nuestros hijos acuden a la escuela con falta de entusiasmo. En nuestras instituciones académicas, los estudiantes dedican su tiempo en clase a intercambiar mensajes y revisar sus plataformas de redes sociales. Durante las sesiones educativas llevadas a cabo por las organizaciones, los colaboradores se mantienen concentrados en sus responsabilidades pendientes y simultáneamente respondiendo a sus correspondencias electrónicas.

Odio IKEA. Es admirable el enfoque empresarial que ha adoptado, así como su profundo conocimiento del cliente y su habilidad para comunicar de manera efectiva. "He tenido el placer de conocer a prominentes expertos, como mi colega Gabriela Díaz Guardamino, cuyo impacto innovador en el campo del marketing se ha extendido desde IKEA España hasta IKEA Japón." Sin embargo, en toda ocasión en que mi cónyuge adquiere algún mobiliario en ese establecimiento, tengo claro que me aguarda una significativa carga de trabajo físico. El enfoque empresarial adoptado por IKEA consiste en la comercialización de mobiliario atractivo a precios sumamente competitivos, a cambio de que el cliente se encargue del ensamblaje y acabado del producto adquirido. Similar a las evaluaciones que brindamos en Trip Advisor. De manera similar a las consultas que efectuamos en el motor de búsqueda de Google. Las preferencias que concedemos a las páginas de Facebook son de mi agrado. Por ejemplo, cuando adquirimos y nos instruimos por medio de un periódico gratuito como 20 minutos, en la estación del metro. La economía colaborativa es el modelo económico emergente. El cliente se dedica al diseño, producción, distribución y comunicación de los productos y servicios. Cuando algo se ofrece sin costo alguno, nosotros mismos nos convertimos en el producto.

Promueva la participación del público en sus discursos y exposiciones. Desde el principio. Elabore su proceso de formación como una actividad inconclusa que será culminada por el equipo. Los colaboradores deberían percibir el producto final como propio, dado que han sido fundamentales en su creación. Abandone la época del siglo XIX y anímese a adentrarse en la era del siglo XXI. La formación colaborativa ha arribado.

Paradigmas Y Prácticas En La Comunicación Educativa.

La razón fundamental de la educación, como lo expresó Jean-Jacques Rousseau, es el desarrollo de la sociedad futura que una comunidad busca crear, lograda a través de la educación y capacitación de las generaciones emergentes de aprendices, estudiantes e intelectuales orgánicos, así como a través de la praxis necesaria y los medios de producción y reproducción requeridos para construir tal sociedad. Sea en el contexto de prácticas educativas institucionalizadas o no institucionalizadas, sistemáticas o asistemáticas, individuales o masivas. Durante aquel proceso sociohistórico, diversos factores intervienen, algunos de ellos son evidentes mientras que la mayoría son imperceptibles, ocultos a simple vista.

Sin embargo, ¿es en verdad verídico afirmar que las metas y objetivos de una sociedad son la fundamentación que justifica la existencia de los sistemas educativos? ¿Los objetivos de todo Sistema de Educación Escolar, tal como los planteó Jean-Jacques Rousseau, se alinean verdaderamente con las aspiraciones futuras de una sociedad? ¿Podría afirmarse que los sistemas educativos están sujetos a la influencia del poder político de un grupo selecto?

Se puede argumentar que las verdades fundamentales que rigen una sociedad o civilización son el resultado de su evolución sociohistórica a través de sus experiencias y prácticas. Estas verdades, a su vez, sirven para definir los objetivos e intenciones de la sociedad en conjunto, guiadas por sus líderes y miembros. Asimismo, en función de esta visión a futuro, se estructuran y ordenan los conocimientos, prácticas y acciones en conformidad con los valores y creencias centrales de dicha sociedad.

En este segmento abordaremos los principales logros, corrientes y modelos conceptuales de la comunicación en general y de la comunicación educativa en particular, enfocados principalmente en la vertiente formativa, la cual es el propósito primordial de la educación. Asimismo, exploraremos los paradigmas ocultos y la praxis develada de la comunicación educativa.

El objetivo de este capítulo es brindarle las herramientas esenciales para obtener una comprensión integral de los modelos o paradigmas de aprendizaje a través de la comunicación, tanto en la perspectiva general como en la de los sistemas educativos. Esto le permitirá utilizar con eficacia todos los recursos de la comunicación educativa tradicional que se presentan en los capítulos siguientes para su mejora general en el aprendizaje, el rendimiento y el desarrollo personal.

Uno de los aspectos que deberá otorgarle especial consideración es aquel que refiere a los paradigmas, modelos o esquemas teóricos abstractos que se emplean para la evaluación y comprensión de sistemas o realidades complejas, los cuales se crean con la finalidad de facilitar su análisis pero pueden asimismo ocultar información relevante. De tal manera, por medio de su pericia tendremos la capacidad de identificar a los usuarios, sus motivaciones, la información que manifiestan y la que ocultan.

Algunos de los principales misterios de la comunicación educativa y su relevancia en el progreso de la humanidad son temas de gran importancia, y en relación a ella se observan una serie de procesos que obstruyen el flujo de comunicación. Este aspecto no puede ser obviado, ya que estos procesos generan un efecto contraproducente en aquellos aspectos cruciales de la comunicación educativa que son fundamentales para el avance de las sociedades.

El examen de estos paradigmas, efectos o procesos constituye tendencias históricas claves en la comunicación humana y educativa, permitiéndonos comprender los fenómenos comunicativos significativos que encontramos, estemos o no inclinados a hacerlo. Además, dicho examen forma parte integral de nuestra educación, aprendizaje y desarrollo personal y profesional. Al investigar estas tendencias, podemos visualizar trayectorias de desarrollo a largo plazo y, en consecuencia, diseñar estrategias de desarrollo personal y profesional y, como mínimo, habilidades de interpretación social.

Paradigmas de la Comunicación Educativa.

Los Paradigmas Básicos

La teoría inicial más básica en la disciplina de las ciencias de la comunicación postula que el avance de la comunicación se origina en un emisor, representado por la letra "E", quien articula un mensaje, identificado como "M", y un receptor, simbolizado por la letra "R", que recibe dicho mensaje.

Este modelo, comúnmente expresado sucintamente como EMR, es fundamentalmente el modelo que se utiliza explícitamente para el examen de la comunicación en general y de la comunicación educativa en particular.

Sin embargo, el paradigma de la comunicación expresado únicamente como EMR no nos lleva a la necesaria verificación de que el Mensaje Enviado fue realmente Recibido; simplemente nos lleva a suponer que sí.

En el análisis clásico del paradigma, se hace referencia a la exigencia de la acción de decodificación del mensaje recibido. Esto subraya la necesidad de una acción posterior (A) después de la recepción, en este caso, la decodificación. Por lo tanto, el paradigma de comunicación integral no es únicamente EMR, sino EMRA.

La justificación de la Acción (A) de la decodificación subsiguiente a la Electronic Medical Record (EMR) radica en el hecho de que la decodificación incorrecta del mensaje se transforma en un factor de interferencia acústica, tal como si cinco individuos vocalizaran juntos en diferentes idiomas, y el receptor sólo pudiera comprender a uno de ellos. En este contexto, únicamente uno de los emisores tendría valor comunicacional, mientras que los otros cuatro serían considerados meramente como ruido. Por lo tanto, a fin de considerar que se ha producido una comunicación (C), es imperativo que el Receptor (R) decodifique adecuadamente el Mensaje (M) Emitido (E) (operación denotada por "A"). Por consiguiente, C se define como el resultado de la aplicación del proceso de decodificación EMRA, en el cual A representa la acción de decodificación exacta. En otras palabras, el proceso de comunicación implica la emisión de un mensaje que debe ser recibido y decodificado por el receptor.

En este momento, procedamos a establecer una generalización del Paradigma C=EMRA aplicado a la comunicación, y examinémoslo detalladamente en el contexto educativo correspondiente.

El Paradigma de la Comunicación Educativa

Se ha establecido de manera concluyente que el paradigma fundacional de la comunicación, el EMR, en las ciencias de la comunicación, debe ser reformulado como EMRA.

Consideremos ahora el caso dentro del ámbito de la Comunicación Educativa (CE). Para ello, retomemos el punto en el que nos detuvimos anteriormente: EMRA. En esta situación, un docente desempeña el rol de emisor (E) al transmitir un mensaje educativo (M) que es recibido por un estudiante receptor (R). Posteriormente, el mensaje en cuestión debe ser decodificado y asimilado con el fin de ser correctamente aprendido (A').

En consecuencia, da la impresión de que resulta evidente que el enfoque o patrón referente a la transmisión de conocimientos y valores en el ámbito educativo debe denominarse como EMRA'. A pesar de la importancia de esta precisión, todavía hay varios detalles y elementos esenciales que aún no se han abordado.

En el contexto de la comunicación educativa, es evidente que para que el mensaje educativo (M) se transmita de manera efectiva, es imperativo la presencia del educador (E) como emisor, así como también un receptor (R) en el papel del estudiante, quien debe decodificar el mensaje y alcanzar el aprendizaje previsto (A'). Sin embargo, esto no resulta suficiente, requiriéndose la incorporación de un componente fundamental en el campo de la Comunicación Educativa (CE): es preciso efectuar una verificación, cuantificación y calificación del Aprendizaje (A').

Sin embargo, la evaluación y cuantificación de la Acción de Aprendizaje no se puede realizar directamente, dado que el aprendizaje per se es puramente mental. En consecuencia, dicho Aprendizaje debe expresarse como un Resultado para que sea Verificado, Medido y Evaluado. En consecuencia, la Comunicación Educativa (EC) es Emisora (E) de un Mensaje (M) que debe ser Aprendida (A') por un Alumno Receptor (R) y expresada como un Resultado Verificable, Medible y Evaluado (R'). El mencionado resultado puede comprender desde una tarea, un examen, hasta cualquier otra prueba o desempeño evaluativo. Por consiguiente, se puede afirmar que la formulación sintética universal de la Comunicación Educativa (CE) se expresa como CE=EMRAR'.

Sin embargo, es evidente que no hemos concluido nuestros esfuerzos en el campo de la comunicación educativa, ya que no es suficiente que el instructor simplemente verifique, mida y evalúe el resultado (R') presentado por el estudiante. El profesor está obligado a proporcionar al alumno una retroalimentación sobre su desempeño, que se puede expresar como 'I'; dando así la expresión sintética de Comunicación Educativa como CE=EMRAR'I.

La práctica de la comunicación educativa.

De los paradigmas a la praxis.

Como se evidencia y se expone a lo largo de todo el análisis experiencial de la educación a partir del Capítulo II, el paradigma de la Comunicación en general, y específicamente dentro del ámbito de la Educación, se nos presenta como una entidad completamente neutral, desprovista de cualquier cualidad subjetiva.

En el marco del paradigma EMRA, se podría inferir que un individuo sin ninguna pretensión alguna se encuentra en pie frente al pizarrón, compartiendo sus conocimientos y experiencias acerca de cualquier tópico, independientemente de la presencia visible de una audiencia. Para este propósito, se requiere La presencia de un receptor, quien podría coincidir con alguien que lo esté observando y/o escuchando de forma incidental o que esté de paso.

En el marco del modelo EMRAR', se observa una vinculación exclusivamente circunstancial entre el Emisor y el Receptor, mediada únicamente por un Mensaje. Esta conexión no necesariamente responde al propósito del expositor de transferir sus conocimientos a un conjunto de individuos (potenciales estudiantes) que podrían estar presentes o ausentes. Además, esta concepción no implica la obligatoriedad de que dichos individuos estén reunidos para adquirir los conocimientos que el sujeto desea compartir, tal como suele acontecer en las plataformas de redes sociales en la actualidad. EMRAR nos indica que se llevará a cabo un proceso de verificación y evaluación al término del curso, mientras que EMRAR'I señala que será el profesor quien notificará al estudiante sobre su calificación obtenida.

Como se puede discernir fácilmente, el paso final de la Comunicación Educativa, a saber, la verificación, la medición y la calificación (R'), ha vuelto al dominio del educador en lugar del estudiante. Esta constituye una distinción significativa respecto al enfoque convencional adoptado en el ámbito de la Comunicación.

Sin embargo, ninguno de esos paradigmas hace referencia a la intención primordial que guía el proceso desde su inicio. Sin embargo, ¿es factible que tal afirmación se corresponda con los hechos reales y normativos? ¿Es común y habitual que llevemos a cabo acciones sin una motivación consciente? ¿Es cierto que los sistemas educativos actúan de manera involuntaria? ¿Sería factible llevar a cabo la organización de un sistema sin propósito determinado alguno? ¿Acaso nos despertamos sin alguna finalidad específica en mente? "Acaso estamos consumiendo alimentos de manera no intencional?" (formal tone) Incluso en las redes sociales: ¿escribimos, subimos texto, imágenes o videos sin ningún propósito?

Por supuesto que no. Aunque nuestra intención sea completamente egocéntrica y no percibida por otros individuos, irónicamente, la intención siempre se erige como el inicio, en cierto modo. "En relación a ese tema, Jean Jacques Rousseau previamente ha expresado su perspectiva acerca del propósito fundamental de la educación." (Translates to: "Regarding that topic, Jean Jacques Rousseau has previously expressed his perspective about the fundamental purpose of education.") Por tanto, los paradigmas de la comunicación ocultan la intención y el sujeto que la sostiene, pues es evidente que no es la sociedad, dado que los programas educativos nunca están sujetos a votación.

En este momento, emprendamos un viaje en el tiempo y el espacio con el fin de obtener una comprensión más detallada de la relevancia del tema en cuestión.

Adquiera Habilidades Para Emplear Expresiones Que Generen Atracción

La utilización de cualquier instrumento que contribuya a mejorar la eficacia de la comunicación, sin duda alguna, merece ser analizada por sus virtudes. Aparte de las sugerencias convencionales, tales como la utilización del lenguaje corporal adecuado y la modulación vocal apropiada, existe una alternativa igualmente cautivante para generar un óptimo nivel de atención respecto al asunto que se desea exponer. Esta es la técnica de integrar fragmentos de información selectos que pueden avivar el interés del receptor auditivo.

Conseguir atención

Al hablar de captar la atención del receptor, la práctica más convencional consiste en mencionar un nombre. Este ha sido un atractivo para la audiencia, debido a que, por su naturaleza, una gran cantidad de personas se sienten atraídas por la curiosidad y el deseo de conocer el pensamiento y las acciones de los demás. Como tal, abandonar la conversación de la nomenclatura ahora se vuelve más intrigante y, por lo tanto, justifica la inversión de tiempo y esfuerzo para disfrutar plenamente.

Proporcionar datos cautivadores es una estrategia adicional para suscitar el interés del interlocutor mediante el acto de comunicación.

La inclusión de estadísticas y datos que comuniquen información sorprendente, pero poco difundida, puede incrementar el nivel emocional del contenido del mensaje. Este enfoque puede estimular y despertar el interés del destinatario.

Una manera adicional de fomentar el interés es estar ampliamente informado acerca del tópico en discusión. Individuos suelen ser atraídos por sujetos que están debidamente informados acerca del asunto en cuestión.

Enunciar con un tono de voz firme y abordar los tópicos con pertinencia, puede resultar en una apariencia preponderante y sucesivamente, atraer la atención de los presentes. Entregas oratorias realizadas a través de la expresión vocal.

Los matices tonales y la expresión gestual que encarnan la confianza forjarán, en última instancia, una resonancia óptima que apelará al interés deseado.

La utilización de términos afirmativos que promuevan la interacción es siempre un enfoque bienvenido para asegurar la participación, y esto típicamente constituye el elemento que estimula el interés. Una gran parte de la población valora la oportunidad de participar en conversaciones interactivas, dado que esto les facilita la posibilidad de formular preguntas y de interactuar con sus interlocutores.

La Sociedad De La Información Posmoderna Y Posindustrial

1.- La sociedad postindustrial

1.1.- Introducción

La sociedad posindustrial es un tipo de sociedad que comenzó a gestarse en las décadas de 1950 y 1960 del siglo anterior, a raíz de la puesta en marcha de las medidas de restauración social emprendidas tras la Segunda Guerra Mundial. Durante este periodo, los países restaurados han adoptado como paradigma la estructura social de los Estados Unidos. El surgimiento de Estados Unidos como modelo económico se puede atribuir a su crecimiento económico sin precedentes durante el período de entreguerras, una distinción que lo diferenció de otras naciones. Los Estados Unidos se consolidaron como un paradigma para otras naciones occidentales tras las graves crisis sociales experimentadas en el lapso comprendido entre las guerras y el periodo posterior a éstas. La sociedad posindustrial alcanzó su cúspide a principios de la década de 1980 en el siglo XX y ha perdurado hasta nuestros días, como afirmaba Hobsbawm en 1999.

Bell (1992) sugiere una distinción analítica al investigar la sociedad entre la estructura social, la política y la cultura. Esta disección resulta valiosa para comprender, en particular, la sociedad posindustrial. En este sentido, es necesario diferenciar, entre el conjunto que constituye la sociedad posindustrial, las características del tejido de producción de bienes, tecnología y sistema de trabajo (economía); las características de los dispositivos que regulan y arbitran las relaciones de poder frente a los conflictos y demandas de los individuos y grupos sociales (política); y las características de las prácticas que se dan en el campo de las expresiones y significaciones vitales (cultura). Esta posición es totalmente analítica, según las escuelas de Harris y Geertz. La cultura, siendo un conglomerado de pensamientos, emociones, acciones y estilo de vida, opera cohesivamente a lo largo de todos los fenómenos sociales, políticos y económicos. De ahí que se pueda afirmar que la sociedad posindustrial se puede dividir analíticamente en tres esferas: una que engloba fenómenos tecnológicos, laborales y de consumo (economía); la que incorpora la estructura y funciones del Estado (política); y, por último, un ámbito que incluye prácticas significativas y significados vitales (cultura).

Bell (2006: 21 y siguientes) relata la genealogía del concepto de sociedad postindustrial. Explicate la noción de la 'sociedad postindustrial' mediante el análisis de eventos sociales de índole significativa que tuvieron lugar en la década de los cincuenta del siglo XX. Inicialmente, se observa un incremento en el número de ejecutivos en las empresas, lo cual otorga al sistema capitalista un carácter más técnico. Seguidamente, se verifica la transformación en la estructura laboral, evidenciando un aumento tanto en la cantidad de trabajadores del ámbito servicios como en su nivel de experticia. En tercer lugar, se observa que el conocimiento científico se utiliza en la gestión política y empresarial respecto de los pronósticos sobre el futuro de la sociedad. Además, se considera como la base de la innovación científica, económica y política.

Bell reconoce que la noción fundamental de "sociedad postindustrial" se compone de cinco aspectos: la instauración de una economía de servicios, la predominancia de la clase profesional y técnica, la supremacía del conocimiento teórico, la orientación hacia la planificación de la tecnología y la emergencia de una nueva tecnología intelectual. Diversas características de la sociedad postindustrial han sido incorporadas a esta idea fundamental de manera académica. Entre estos atributos se encuentra la afirmación de que la sociedad posindustrial se considera tecnocrática, tecnológicamente avanzada, impulsada por la información, próspera y posmoderna, con variaciones dentro de la definición según el aspecto que se examine. La connotación de Bell necesita coexistir con estas características auxiliares, que ilustran la diversidad de fenómenos sociales que abarca la sociedad bajo escrutinio.

Una Escuela De Periodismo Y Más Allá

La matriculación en una institución de periodismo avivó una aspiración latente en mi interior, la cual desconocía previamente. Solía redactar, no obstante carecía de destrezas técnicas o capacitación adecuada en la materia. Aunque joven, arribaba a México con un bagaje de tres años de experiencia en el continente africano. Uganda, una nación autónoma, está dotada de numerosas instalaciones, incluidas escuelas, hospitales y carreteras. Su capital, la hermosa Kampala, está construida sobre siete colinas y se encuentra en el ecuador, mientras disfruta de paz y tranquilidad. Como antiguo protectorado británico y miembro de la Commonwealth, lograron la independencia sin recurrir al conflicto armado. Conocido como la 'Perla de

África' por Winston Churchill y previamente por el explorador Stanley, se encuentra un país encantador y de tamaño reducido en la región de los Grandes Lagos de África Oriental, cuenta con el inmenso Lago Victoria que alberga las fuentes del Nilo. Tuve el privilegio de experimentar un día completo de navegación en el Parque Murchison Falls, así como de admirar las majestuosas caídas del Nilo Blanco que se encuentran dentro del mismo. Sin embargo, al llegar a México, el sentimiento más vibrante dentro de mí fue la reminiscencia del populacho; la multitud de niños, adolescentes, festivales y bailes, canciones y la pura efervescencia y entusiasmo por la vida. Aparte de eso, siempre recordé la danza de la grulla coronada, en la que los machos y las hembras de las especies de aves de plumas negras, amarillas doradas, blancas y rojas brillantes realizaban con gracia una danza circular al atardecer en los campos detrás de nuestra residencia. ¡Qué coreografía!

A partir de mi sexto mes tras la llegada, se presenció un cambio trascendental en los sucesos, dado que en una noche del mes de enero de 1971, el General Idi Amin Dadá accedió al poder mediante un asalto al Estado, instaurando de manera inesperada un régimen dictatorial. Los actos de terror, masacres, espionaje y expulsiones se iniciaron prontamente.

Inauguré mi ingreso a la Escuela de Periodismo Carlos Septién García, con la sensación de haber cumplido un sueño personal, el cual consistía en convertirme en misionera en África. Un sueño enriquecido por el encuentro con diversas personas, culturas, tradiciones ancestrales, el entusiasmo y la determinación de los alumnos del Saint Mary's College de Aboke, la adquisición de conocimientos en una lengua africana, el lango, y como describe elocuentemente el Papa Francisco, la experiencia más dulce de evangelizar.

Escuela de Periodismo Carlos Septién García.

Mi experiencia del primer día en la Escuela de Periodismo se asemejó a la apertura de una puerta grandiosa que se extendía hacia un camino sin fin y un vasto horizonte.

La Escuela Carlos Septién García, el primer Instituto de Periodismo de México fundado en 1949, aparece ahora en internet como una institución pluralista que defiende y respeta las diversas tendencias políticas, ideológicas y religiosas. En aquella institución educativa, bajo tal ambiente y con la presencia de docentes altamente capacitados, percibía todas las habilidades de la comunicación como un fenómeno milagroso y me otorgaba una sensación de empoderamiento inigualable.

He completado mi registro para el horario nocturno, que va desde las 18:00 horas hasta las 22:00 horas. Durante el transcurso del día, llevaba a cabo mis labores profesionales, mientras que por las tardes dedicaba mi tiempo a estudiar y a sufragar los costos mensuales mediante la venta de libros, revistas y calendarios en compañía de mis compañeras de comunidad. Realizábamos dichas ventas en las diferentes iglesias ubicadas en la Ciudad de México. Los días dominicales, partíamos con puntualidad de la residencia ubicada en la colonia Moctezuma hacia la estación cercana del Metro, portando bolsas y mochilas de gran peso. De manera organizada, en parejas, nos dirigíamos hacia distintos templos, con el fin de convertir la prensa misionera en no solo un elemento de venta comercial, sino en una herramienta de motivación y desarrollo misionero.

En el Colegio Septién García, mis compañeros llegaban a clases después de un día de trabajo, muchas veces cansados y de lugares lejanos, pero siempre con mucha motivación y entusiasmo. Nuestro grupo ganó el primer lugar en varios concursos de reportajes, ensayos, fotografías... Éramos un grupo muy unido que compartía mucho y tenía un impacto distintivo, quizás debido en parte al hecho de que muchos de los estudiantes de la mañana eran económicamente privilegiados sin preocupaciones económicas o responsabilidades laborales. En ningún sentido nos considerábamos supeditados, quizás demostrábamos mayor diligencia hacia cualquier propuesta.

Durante la inicial semana de nuestro programa formativo, se produjo el fallecimiento del destacado periodista en la Ciudad de México. Unos días más tarde, un vehículo invadió el espacio peatonal y colisionó contra una alumna de origen extranjero que se encontraba realizando su tesis y llevando a cabo una investigación en una comunidad indígena que había sido víctima de diversos abusos. La colisión se suscitó mientras la estudiante estaba en la acera. Estos acontecimientos han aumentado nuestra conciencia acerca de los riesgos inherentes a nuestra profesión, no obstante, en lugar de desanimarnos, nos han inspirado para seguir adelante con perseverancia en nuestra labor como profesionales valientes, comprometidos con la verdad y la divulgación de información que permita la liberación de las sociedades.

El terremoto que azotó a México en septiembre de 1985 sirvió como prueba de nuestro temple como aspirantes a profesionales en el campo de la comunicación. Y la superamos. Después de un breve lapso y numerosas réplicas sísmicas, una vez reanudadas las actividades académicas, se llevó a cabo la exposición de diversas muestras fotográficas y trabajos de redacción enfocados en la cobertura del Terremoto. La apreciación de nuestras labores nos proporcionó el regocijo de haber intervenido en uno de los varios instantes en que al especialista de la comunicación le compete la importante tarea de implicarse, reportar y en situaciones como la del sismo, incitar a la confraternidad.

Al concluir mis actividades académicas, muchas veces llegaba a la estación final de la línea de Metro 'Indios Verdes' con mucha prisa. Escudriñaba el entorno con diligente atención mientras se apresuraba a llegar a la Calle Riobamba, dada la ausencia de presencia humana a esas horas de la noche que volvía poco seguro transitar en soledad. No obstante, mi ánimo siempre se mantenía elevado y jamás concluía mi estadía en la Escuela sin haber concebido al menos una nueva idea, desarrollado un proyecto recién surgido, tomado nota en el tren, o capturado una fotografía en diversos lugares adyacentes.

México, amado y hermoso.

En mi opinión, cada experiencia vivida en México ha sido una sucesión de gratas sorpresas en todos los aspectos. Residí durante tres años en la colonia

Moctezuma y, posteriormente, establecí mi residencia en Iztapalapa, ubicada en las afueras de la Ciudad de México, en las proximidades del Cerro de la Estrella. Una considerable parte de mi tiempo era dedicado a viajar a través del país en transporte público de segunda categoría, específicamente, en camiones y autobuses. Ellos fungieron como mis tutores en las áreas de lengua, cultura e historia en el ámbito educativo. Tuve la oportunidad de enriquecer mis conocimientos al viajar con distintas personas, escuchar sus perspectivas, entablar conversaciones con los pasajeros, responder a sus preguntas aun siendo de índole peculiar debido a mi condición extranjera y religiosa, intercambiar vivencias e incluso compartir alimentos y bebidas. Incluso, viví la experiencia de tener que esperar una nueva unidad de transporte al descender de un bus en horario nocturno debido a su imposibilidad para seguir avanzando.

¡Qué fascinante es llegar a un pueblito y ser recibido como un miembro de la familia, en los hogares de niñas imaginativas como yo, con hermanos alegres, música, abrazos, tortillas calientes y frijoles! Había sido suficiente encontrar una dirección, un número de teléfono, un testimonio en una revista para despertar un gran sueño y mucha esperanza en muchas jóvenes mexicanas. Deseaban aprender más, iluminar a sus padres, persuadirlos de su vocación, y me tocó a mí asumir ese papel. Por momentos resultó fácil, pero en otras ocasiones, tanto a sus hijas como a mí, nos tildaron de imprudentemente temerarios por querer abandonarlo todo para aventurarnos más allá de los mares y del horizonte, más allá de ese México entrañable y amado, más allá de familias tan unidas. -tejedor y cariñoso; en una palabra, abandonarlo todo para convertirse en 'misioneros en África'.

Si bien la Escuela de Periodismo me facultó con las herramientas necesarias para el desarrollo de técnicas de escritura, ha sido la comunidad la que ha aportado en forma significativa el contenido temático y factual que he venido desarrollando en el ejercicio de mi profesión. Persistía en mi labor literaria incansablemente, componiendo reportajes con el fin de difundir la humana profundidad, la espiritualidad y la fortaleza de mi semejante; los testimonios valientes de aquellos que entregaron sus vidas por una causa noble, me sumían en la sorpresa por la inmensa riqueza y los marcados valores que con gran franqueza, los entrevistados compartían conmigo.

Numerosos son los cuadernos que albergan una década de mi vida en México, un territorio que no figuraba ni en mis pensamientos ni en mi plan de vida. Una oferta a la que accedí por obediencia, a la vez que albergaba ilusión y expectativas, resultó en un desvío que me llevó a mi destino actual.

Un movimiento retrógrado.

En medio de una circunstancia ineludible y prevaleciente bajo el mandato de Idi Amín Dadá, yo y un contingente de misioneras fuimos compelidas a abandonar Uganda. Sin embargo, todas conservábamos una ferviente intención de retornar en algún momento. Me fue ofrecida una nueva asignación en Eritrea. Lleno de regocijo ante mi regreso a África, inicié de manera inmediata el estudio exhaustivo de la lengua tigriña, la historia de la nación y su rica cultura. Sin embargo, el impulso insaciable de explorar más allá del mar me cautivó una vez más. Dos años de anticipación, debido al conflicto en curso entre Eritrea y Etiopía, parecían interminables; Sin embargo, pasé este período en un entorno increíblemente próspero y estimulante: Sicilia, situada en la región sur de Italia.

Finalmente, se obtuvo la visa, se hicieron los arreglos para el vuelo, se empacó el equipaje y todo estaba en orden. Sin embargo, apenas dos días antes de la partida, se recibió un telegrama en el que se afirmaba que los insurgentes habían destruido la misión que iba a emprender. Todos se han escapados. Por favor, tenga paciencia. Aunque no puedo precisar una fecha exacta en este momento, nos aseguramos de regresar de nuevo.

De acuerdo al adagio popular "La providencia divina puede obrar con rectitud aun en situaciones aparentemente desafortunadas", lo cual puede ser interpretado a través de la llegada del cambio de rumbo histórico para la nación de México. Otro país, otro continente, otro idioma. Adquirí una cinta de audio titulada "El Castellano para Turistas" y comencé a practicar los saludos básicos como "Buenos días", "Buenas Tardes" y "¿Cómo te llamas?" mediante la repetición de las enseñanzas proporcionadas. Para mi sorpresa, el presente fue mi debut en el continente americano.

El tiempo pasó volando, los años pasaron y con un dejo de nostalgia me despedí de México. En la valija transportaba una cantidad considerablemente mayor de objetos en comparación con lo que había llevado inicialmente. La institución educativa de periodismo anteriormente descrita figuraba como una fuente de inspiración, siendo que me motivaba un ambicioso proyecto que gesté con dedicación a lo largo del curso: la creación de una escuela especializada en esta disciplina en África.

¿Cuál Es La Definición De La Comunicación Telepática?

La comunicación telepática es una habilidad que todos los seres vivos tenemos. Este idioma es universal y a menudo opera en el subconsciente humano. La existencia de la cotidianidad en la que estamos sumergidos, que es como una burbuja mental, está desconectada de otros niveles de la realidad que también ocurren, a pesar de que no los percibimos de manera habitual. La causa de este fenómeno radica en la naturaleza de nuestra dependencia al pensamiento racional, lo cual nos conduce a una constante alienación de nuestra realidad circundante por medio de la insustancialidad y la inconsistencia que caracteriza a dichos pensamientos, al carecer éstos de una base física en nuestro entorno cotidiano, el cual habitamos tangiblemente.

La gran mayoría de los individuos carecemos de esta conexión intrapersonal dado que nuestra percepción cognitiva se ve restringida por la interferencia excesiva del intelecto y el análisis de la mente. De manera similar, nos desligamos a un nivel profundo de nuestro entorno y de las personas que nos rodean. Residimos en un ámbito meramente cognitivo, en el que prevalecen pensamientos mentales secuenciales, periféricos, en ocasiones inacabados e inexactos, no obstante, a los cuales nos hallamos sumamente unidos.

La mente frecuentemente coloca "obstáculos" que nos impiden percibir otras facetas de la realidad; tendemos a engañarnos a nosotros mismos y negar información que nos obliga a cambiar. La mente intelectual y analítica tiene programado en su interior un mecanismo defensivo que sirve para protegerla. La activación de la comunicación telepática reduce significativamente la ocurrencia de tal fenómeno, ya que la información, previamente inaccesible, se vuelve más manifiesta. No solamente se evidencian con mayor nitidez distintas dimensiones de la realidad, sino que también se ponen de manifiesto nuestros propios engaños.

Los seres humanos habitamos en ilusiones que nos desorientan, pues la abundancia de "mentalidad" resulta en estructuras sociales desiguales. Esto a menudo conduce a la crítica, el análisis, la intelectualización, las acusaciones, los juicios, la imposición de condiciones, el dominio y la desconfianza desenfrenada. Este nivel de pensamiento incluso ha llevado a la humanidad a involucrarse en conflictos letales sobre construcciones mentales que se defienden a costa de la propia vida. De igual manera, la psique humana invariablemente busca anhelos ilusorios; nos promete un bienestar imaginario y nos castiga con autocríticas y relatos diversos, obligándonos a transgredir nuestra esencia.

Los seres animales poseen una capacidad mental limitada, lo cual les permite manifestar una conducta de acogida sin condiciones hacia sí mismos y hacia los demás. Esta característica les otorga una conexión más efectiva con el mundo físico en el que residen, en virtud de su capacidad para evitar las interferencias mentales que, por lo general, suelen evitar.

En la actualidad, hemos adquirido una costumbre arraigada de producir constantemente y de manera ininterrumpida una corriente de pensamientos mentales, lo que nos lleva a aceptar dicho mecanismo como el único medio viable de percepción del mundo. Consecuentemente, al proceder de tal manera, experimentamos una desconexión, supresión e incluso negación de otros atributos inherentes a nuestra condición humana. Debido a esta causa, con frecuencia nuestro potencial telepático, constituido por destrezas receptivas como la sensación, percepción e intuición, se ve suprimido por las transferencias mentales continuas.

Para instaurar la comunicación telepática, resulta esencial interrumpir cualquier tipo de diálogo de índole mental que se esté llevando a cabo. Mediante esta metodología, será factible experimentar, detectar y contemplar a través de la corteza cerebral y del complejo sistema nervioso central (SNC), el cual cumple la función de receptar y emitir señales. El Sistema Nervioso Central humano tiene la capacidad innata de recibir y transmitir información de manera ininterrumpida, no obstante, dicha información raramente es conscientemente percibida debido a la tendencia a una sobreutilización de la función cognitiva, lo cual puede inducir a una distorsión individual de la percepción. De tal manera que, al aquietar nuestra mente, logramos incrementar nuestra percepción y toma de conciencia en relación a la información pertinente a nuestras necesidades, anhelos o deseos, tanto a nivel personal como en el ámbito interpersonal.

Del mismo modo, cuando logramos purgar nuestra conciencia del desorden mental, estamos mejor posicionados para ejercer una mayor agencia sobre nuestro potencial, determinando cuándo emplearlo y cuándo abstenerse; De manera similar, podemos elegir cuándo participar en la actividad cognitiva y cuándo abstenernos de ella.

Es una premisa ampliamente aceptada la de que los seres humanos ostentamos un sistema nervioso central más elaborado en comparación con otras especies; sin embargo, dicho sistema resulta más inactivo, fenómeno derivado del excesivo uso de la facultad mental. Los seres vivos del reino animal poseen comúnmente un sistema nervioso central más dinámico y eficiente en sus funciones fisiológicas.

La capacidad de desencadenar el sistema nervioso central y aprovechar un potencial latente en la humanidad por largo tiempo, descansa en nuestro ser. Nuestra activación puede estar dirigida por varias artes internas, justificando así su etiqueta como "artes internas".

En calidad de recomendación a aquellos individuos que deseen adentrarse en metodologías internas, cabe señalar que es conveniente sugerir la importancia de encontrar un instructor adecuado que logre alcanzar los objetivos deseados, lo cual, según mi experiencia personal, puede constituir una tarea engorrosa.

En mi opinión, recomiendo altamente a los destacados mentores y profesionales que he tenido el placer de conocer, tales como mi colega Ángel de Castro, el doctor Kam Yuen DC, el Gran Maestro Wong Kiew Kit y el doctor Cristian Salado. Aunque no todos instruyen explícitamente sobre la comunicación telepática, los métodos que propagan, según mi experiencia, propician un estado de tranquilidad y confort interior, así como habilidades percetivas adicionales, entre las cuales puede estar latente, en cierta medida, la mencionada forma de comunicación.

En mi juicio, esta constituye la aproximación más directa que tengo conocimiento para iniciar el fortalecimiento de la comunicación telepática, siendo que resulta más accesible cuando se comparte la experiencia de alguien más. Aunque es cierto que cualquier individuo tiene la capacidad de desarrollar su potencial de forma autónoma, no siempre es un requisito esencial contar con el soporte externo, dado que la comunicación telepática se erige como una habilidad inherente a toda vida orgánica, incluso en el caso de los seres humanos. Es posible que pasemos toda la existencia sin siquiera conocer el primer paso para estimular de manera apropiada dicha habilidad.

Por lo tanto, resulta altamente beneficioso cuando un individuo nos guía en la activación o el recuerdo de nuestro potencial telepático, especialmente en las etapas iniciales. Indudablemente, resulta imperativo que mantengamos una conducta invariable en realizarlo con periodicidad, ya que ninguna persona tiene la capacidad de asumir tal responsabilidad por nosotros.

Al despejar nuestra mente de cualquier pensamiento y al enfocar nuestra conciencia hacia el sistema nervioso central, abriremos las puertas hacia una comunicación telepática intrapersonal, lo que resultará en una conexión orgánica y fluida con otras especies. Para lograr esto, debemos cambiar nuestro paradigma ordinario y comenzar con la identificación del flujo de pensamientos mentales, para desidentificarnos de este procesamiento y permitirnos modificarlo, según lo determinado.

Si vamos a comunicarnos con otras especies, debemos iniciar el proceso comunicándonos telepáticamente con nosotros mismos en un estado de calma, vacío y conexión, permitiéndonos percibir información telepática.

Mediante la adopción de esta metodología, podremos solventar algunos de los inconvenientes o situaciones conflictivas que puedan obstaculizar nuestra capacidad receptiva a nivel físico. Asimismo, iniciaremos un proceso de familiarización con nuestra capacidad telepática. Podríamos iniciar este proceso interno y tomarnos el tiempo que sea necesario para sentirnos preparados para entablar comunicación con los animales de nuestra cercanía. En un principio, la proximidad podría facilitar la comunicación al seleccionar a los animales más próximos a nosotros como nuestros destinatarios.

Es de gran utilidad para potenciar nuestro potencial telepático de forma priorizada que facilitará nuestro proceso de recepción. Es esencial comenzar desde el núcleo y luego expandirse más, similar a cualquier estructura sólida cuya estabilidad se basa en sus cimientos o bases para sostenerse. La importancia relativa se manifestará en diversas oportunidades mediante las prioridades señaladas.

Por consiguiente, iniciemos el proceso de auto-comunicación para poder intercambiar telepáticamente con nuestros compañeros animales, con las aves que residen en nuestra proximidad, y hasta con los insectos. De este modo, tendremos la oportunidad de deleitarnos con una excelente compañía que nos conducirá hacia niveles inexplorados y nos concederá una colaboración desenfrenada y cohesionada, en la cual se establecerá sinergia y asistencia mutua. Compartiremos nuestros momentos con no solamente con los seres animados; sino que con todas las formas de vida en maneras insólitas a las que no estamos habituados.

El material de lectura contenido en este libro ha sido elaborado y adaptado meticulosamente para permitir al lector mejorar su potencial telepático. Como resultado, es posible que ciertos individuos experimenten una activación telepática espontánea y consciente.

Además, en el apartado correspondiente titulado: 'Activación de la comunicación telepática', se aborda dicha temática con mayor detalle. Es factible que nos adentremos en aspectos más detallados con el fin de lograr una estimulación práctica y participativa.

¿Acaso somos más aptos para identificar las emociones de nuestros semejantes? Reconocimiento intragrupal de las emociones.

La postura sostiene que es ampliamente respaldada por un considerable número de investigadores el argumento de que la habilidad para reconocer de forma más efectiva las expresiones faciales de individuos pertenecientes a una misma cultura se halla intrínsecamente ligada a las raíces culturales compartidas. Consecuentemente, se puede inferir que los individuos de origen japonés poseerían una mayor habilidad en la identificación de las manifestaciones faciales de sus congéneres en comparación con los miembros de demás culturas, ¿no es así? Tradicionalmente, esta área de investigación ha sido referida como el "Reconocimiento Endogrupal de las Emociones".

Sin embargo, para los científicos, lo meramente intuitivo no resulta suficiente, resultando imperativo validar todo juicio a través de investigaciones empíricas. Por lo tanto, el Dr. Matsumoto y su equipo de la Universidad Estatal de San Francisco se esforzaron por corroborar esta afirmación.

Matsumoto inició su trayectoria en el campo de la comunicación no verbal bajo la tutela de Paul Ekman, reconocido como uno de los precursores en la investigación de las expresiones no verbales. Matsumoto posee un impresionante repertorio de publicaciones en el ámbito científico así como en el comercial.

En su estudio, se han establecido dos grupos de tareas; uno comprende individuos estadounidenses, mientras que el otro comprende individuos japoneses. La hipótesis postula que cada grupo percibiría y discerniría mejor las expresiones emocionales de sus compañeros de grupo, en comparación con las del otro grupo [4].

Finalmente y de manera significativa, el autor lleva a cabo su investigación mediante la observación de expresiones emocionales en situaciones auténticas, en contraposición a las expresiones emocionales forzadas, las cuales son comúnmente utilizadas.

Hay varios estudios anteriores que indican que ciertos individuos pueden identificar con mayor precisión las expresiones emocionales emitidas por personas de su propia cultura en comparación con las expresiones emitidas por personas de otras culturas. "Sin embargo, se observa una diversidad de resultados".

Por otro lado, Matsumoto consideró de suma importancia diferenciar entre evaluaciones de expresiones emocionales deliberadas, en oposición a expresiones emocionales espontáneas; ya que este último puede divergir a través de múltiples vías.

Inicialmente, es importante destacar que las expresiones posadas pueden presentar gestos faciales peculiares o la ausencia de gestos que se presentarían en una expresión verdaderamente espontánea. Esto difiere de las expresiones espontáneas que se presentan de manera natural.

En segundo lugar, debe destacarse que las discrepancias proporcionales observadas en relación a la intensidad muscular facial implicada en las expresiones faciales sostenidas, no pueden ser equiparadas adecuadamente con las manifestaciones espontáneas.

En tercer lugar, es importante destacar que las expresiones que surgen de manera natural son las más adecuadas, ya que poseen una óptima iniciación, compensación y coordinación entre los músculos faciales, aspectos que no se encuentran presentes en las expresiones simuladas. Finalmente, cabe señalar que las muecas impasibles suelen presentar una simetría dispareja, evidenciando una mayor intensidad en uno de los lados del rostro en comparación con el otro.

Según las afirmaciones de Matsumoto, lamentablemente no se han llevado a cabo investigaciones que demuestren la verosimilitud de la hipótesis 'endogrupal' a través del análisis de expresiones genuinas. Este tipo de investigaciones pueden tener implicaciones significativas en relación a la comprensión de los dialectos emocionales. Según el autor, estos dialectos se presentan únicamente en las expresiones cultas.

Con referencia a los hechos previamente mencionados, el escritor aborda una indagación en la cual se analiza el impacto del fenómeno de conformidad al grupo interno, a través del estudio de expresiones improvisadas emitidas por deportistas durante la contienda de Judo en la celebración de los Juegos Olímpicos en Atenas en el año 2004.

Las expresiones fueron registradas a través de fotografías de alta velocidad durante la ceremonia de premiación de las medallas de oro, plata y bronce al concluir las competencias. Durante el estudio, se brindó a los evaluadores estadounidenses y japoneses la posibilidad de valorar las manifestaciones emitidas por los contendientes de ambas nacionalidades.

El equipo de investigación planteó la hipótesis de que los observadores estadounidenses serían comparativamente más precisos al evaluar a los presentadores estadounidenses; mientras tanto, los observadores japoneses pueden ser comparativamente más precisos al evaluar a los presentadores japoneses. En síntesis, cada grupo ha de desarrollar una mayor capacidad para comprender las emociones propias en relación a aquellas del otro grupo.

Con sorpresa, se confirma la nulidad de la hipótesis tras la realización del estudio. ¿Por qué? Debido a que los hallazgos arrojaron que no existe beneficio alguno en la identificación de expresiones faciales dentro del grupo propio en comparación con la identificación de expresiones en el grupo ajeno. En términos prácticos, los evaluadores de origen americano demostraron una mayor habilidad al evaluar las emociones de los presentadores de origen japonés, a la vez que los evaluadores de origen japonés presentaron una mayor destreza en la evaluación de los presentadores de origen americano.

El resultado es notablemente sorprendente y el Dr. Matsumoto, siendo tan riguroso como todos los científicos, acentúa las limitaciones de la investigación.

En primer lugar, el espectro de expresiones era limitado en términos de cantidad y variedad. Es posible que se haya necesitado un mayor número de expresiones que abarquen una gama más amplia de emociones para lograr el efecto de pertenencia al grupo. Es posible que el contexto evocativo específico utilizado en este estudio (ganar o perder una medalla) no sea propicio para el tipo de expresiones que producen un efecto 'endogrupal'.

En todo caso, tenemos la certeza de que se llevarán a cabo más investigaciones pertinentes acerca de la temática en cuestión.

El Lenguaje De La Radio

Las características del medio radiofónico ejercen influencia en la expresión verbal. Es imperativo que el profesional de la radio sea consciente de la evanescencia del mensaje. El oyente no puede volver a visitar la narración y verificar si ha absorbido la información con precisión. La única alternativa disponible consiste en prestar atención al contenido del texto expresado durante su audición, siguiendo el orden y cadencia determinados por el locutor o locutora.

Consecuentemente, redactar para el medio de la radio requiere de la aptitud de manejar adecuadamente el componente principal de la labor del radialista, a saber, el lenguaje. Con esto en mente, se tomarán en consideración las características fundamentales del lenguaje hablado y sus demandas. Las presentes demandas se enumeran a continuación:

La claridad es un factor clave en la comunicación, ya que el uso de códigos complejos puede obstaculizar la comprensión de los mensajes y retrasar su asimilación mental. Por lo tanto, es crucial utilizar un lenguaje accesible y conciso, que permita una comprensión instantánea y activa de la información transmitida. En la radiodifusión, es esencial emplear las expresiones que infunden vida a las imágenes y relatos. En situaciones donde se presente una equivalencia semántica, resulta más apropiado emplear las formas verbales simples en lugar de las compuestas, privilegiar el tiempo presente sobre el pasado y la estructura de frase activa antes que la pasiva.

Concisión: Debido a las limitaciones de tiempo, el imperativo de garantizar la facilidad de asimilación y la fugacidad del mensaje, la radio debe construir utilizando períodos y frases breves para garantizar la comprensión. Es imperativo que los expertos en radio posean un dominio exhaustivo en cuanto a la ortografía, morfología, sintaxis y un léxico amplio. Es imperativo que los escritores y narradores posean la capacidad no solo de expresarse de manera efectiva, sino también de adecuar su estilo y tono al ritmo, cadencia y entonación apropiados en el contexto correspondiente.

A estas características hay que añadir el matiz de la expresión personal. Mediante el uso del micrófono, se logran adquirir matices de expresión exclusivos del sonido y testimonios personalizados a través de la voz, a pesar de la pérdida del aspecto plástico. Esta habilidad comunicativa del tono es esencial tanto en programas como en los informativos.

Los componentes sonoros tales como la voz, la música, los efectos sonoros y el silencio, juegan un papel crucial en la determinación de la capacidad de expresión de una obra. La cohesión de todos los participantes en torno a un contenido enriquecedor será la clave para garantizar la continuidad narrativa en el medio radial. De esta manera, la principal demanda a la que se enfrentarán los expertos en radio será atraer la atención y el interés del público, utilizando una gramática adecuada al medio y al mensaje. El lenguaje radiofónico no es simplemente un calificativo adicional del lenguaje humano, sino que comprende signos específicos empleados por el medio radiofónico para efectuar la comunicación entre el emisor y el receptor, a través de mensajes creados por el primero.

Su definición

El lenguaje radiofónico podría definirse como "el conjunto de elementos que intervienen en la radiodifusión para crear imágenes". Inicialmente, estas imágenes son de naturaleza auditiva; sin embargo, a menudo se transforman en representaciones visuales dentro de la mente del receptor. De manera prácticamente invariable, las imágenes sonoras adquieren un estado de estímulo que se convierte en representaciones de índole visual dentro del pensamiento del escucha. Se puede sostener que el lenguaje radiofónico es la expresión verbal y no verbal a través del medio radiofónico en forma sonora.

Constituyentes del lenguaje radiodifusivo
Los componentes empleados son:
El término en cuestión.
La música." (Esto ya está en tono formal) Alternativamente: "La forma de arte auditivo conocida como música.
Los efectos de sonido.
El estado de quietud.

Examinemos detalladamente cada uno de ellos.

La palabra
El término 'palabra' denota la agrupación de sonidos articulados mediante la emisión vocal por parte de un individuo con el propósito de comunicar un pensamiento específico.

La palabra representa el medio de comunicación más destacado de la especie humana. Es por tanto inconcebible concebir un mensaje radiofónico de índole informativo que carezca de palabras. Sin embargo, en algunos mensajes radiodifundidos, la palabra es innecesaria y causa molestias. Este tipo de error ocurre durante la transmisión de un concierto sinfónico en el que el disertante emite algún tipo de comentario mientras la orquesta está en plena ejecución de una pieza musical, situación que puede resultar sumamente desafortunada y hasta provocar el descontento de los oyentes.

Es imperativo recalcar que la palabra es un sonido articulado. En algunas ocasiones, la elocución de la persona que se está expresando adolece notoriamente de tal modo que la expresión lingüística se torna incomprensible.

La música

La comunicación musical posee un alcance casi universal, aun cuando se trate de música en la que se emplee la voz como medio de expresión. Resulta inviable que un volumen logre proyectarse como un triunfo en una localidad en la que no se utilice el idioma intrínseco en su impresión. No obstante, esto no resuena como una situación común en el campo de la música. A través de una composición melódica, es factible que se logre una acogida exitosa, aunque la letra que la conforma sea incomprensible para una gran mayoría de sus oyentes al margen del poderío de las compañías multinacionales.

Debido a esta razón y al hecho de que requiere menos esfuerzo cognitivo para ser comprendida por el oyente en comparación con las palabras habladas, la música ha ganado importancia en el ámbito de la comunicación por radiodifusión. La música ocupa la mayor parte de las horas de transmisión en casi todas las emisoras del mundo. Sin embargo, utilizar este hecho cuantitativo para afirmar que es el componente principal de la radio equivaldría a admitir que la radio no es más que un mero conducto o un medio para transmitir y reproducir sonidos. La ausencia de la palabra en la música equivale a limitar el propósito de la radio a la mera reproducción de canciones.

La vinculación entre la música y la radio es tan íntima que resultaría arduo concebir el medio radiofónico sin la presencia de este elemento del lenguaje característico de la radio. La música es una presencia constante en diversos ámbitos mediáticos, desde programas informativos hasta espacios deportivos, tertulias y anuncios. Asimismo, existen emisoras que se enfocan exclusivamente en la música, utilizándola como su recurso principal para conformar su programación.

Las funciones de la música.
La música que se transmite por radio cumple varias funciones, es decir,

cumple diferentes propósitos según su contexto. La concurrencia de expertos en la temática sostiene de manera unánime la abundancia del lenguaje musical y su potencial explotación en el contexto de la comunicación radiofónica. No obstante, en lo que respecta a las diversas atribuciones que la música puede cumplir, se observan sutiles discrepancias.

Examinemos detenidamente cada una de dichas funciones.

Función sintáctico-gramatical.
El papel de la música en una capacidad sintáctica/gramatical se ejemplifica a través de su utilización como un medio para ordenar y distribuir contenido y secciones específicas, imbuyendo así una esencia organizativa a la exhibición general. En la presente puesta en escena, frecuentemente empleada en los programas informativos, ha sido dispuesta la inclusión de diversos fragmentos musicales de breve duración, lo que

permite catalogar las distintas formas de incorporación sonora, tales como la melodía identificativa, la introducción, el efecto sofisticado y la cadencia musical.

La sintonía se refiere a un segmento musical, que oscila entre 15 y 30 segundos de duración, que se presenta de manera constante al comienzo y al final de un programa transmitido por radio. La función principal de la sintonía es identificar el programa, distinguiéndolo de los demás espacios que componen la oferta de la emisora. Esta oración podría reformularse en un tono más formal de la siguiente manera: "Se asemejaría, empleando una analogía adecuada, a un documento de identidad del programa a nivel nacional."

La música desempeña un papel crucial debido a su capacidad para suscitar en el oyente una serie de expectativas en relación con el tipo de transmisión que se acompaña, esto se debe a las características propias de la música, tales como su contenido o ritmo.

Consecuentemente, la armonía resultará satisfactoria en caso de que las proyecciones mencionadas sean realizadas en su totalidad. En muchas ocasiones, durante la sintonización, se presenta una voz que proporciona información relativa a las características del programa que se va a escuchar, tales como el nombre del programa, el nombre del presentador, el horario y día de emisión, entre otros detalles. Cuando tal situación se manifiesta, nos encontramos en presencia de lo que en el lenguaje propio de la radiodifusión es denominado como careta.

La cortina es un fragmento musical que tiene una duración aproximada de 10-15 segundos, diseñado para servir como componente de transición dentro de un mismo programa, separando claramente distintos contenidos (por ejemplo, en una radionovela para pasar de una escena a otra). En determinadas ocasiones, la cortina musical consiste en un conjunto de motivos melódicos tomados de la sintonía.

La ráfaga, así como la cortina, tiene la función de delimitar segmentos temáticos o contenidos diferenciados dentro de un mismo programa. No obstante, debido a su brevedad, que no supera los cinco segundos, representa una transición veloz y activa, razón por la cual es habitualmente utilizado en las transmisiones informativas por radio. La aplicación de ráfagas se utiliza, por ejemplo, con el propósito de discriminar entre noticias que son de índole nacional o internacional, así como para distinguir entre aspectos económicos y deportivos.

El golpe musical representa un segmento sonoro sumamente breve, que suele comprender una duración de entre 2 y 3 segundos, cuyo propósito es capturar la atención del receptor en un momento determinado o establecer una separación audible entre diversas porciones sonoras verbales, las cuales se encuentran vinculadas por medio de un único locutor. Tal puede ser el caso, por ejemplo, en un bloque informativo deportivo en el que se presenten varias noticias consecutivas que abordan un mismo equipo. Para producir el efecto llamativo, es aconsejable que el extracto muestre una ascendencia tonal pronunciada.

Función programática" o "Programa funcional

Se presenta cuando la música se convierte en el elemento central en torno al cual se estructura la totalidad del contenido de una emisora, o bien de un programa o apartado específico en su defecto. Esta característica también es aplicable en los siguientes escenarios:

En música programas especializados o monográficos, es decir, programas centrados específicamente en diferentes géneros musicales. Un ejemplo representativo puede ser un espacio dedicado a la música electrónica, donde se presentan las más recientes actualizaciones, o un programa enfocado en la música clásica, en el cual se profundiza semanalmente en la vida y obra de un compositor en particular.

Cuando se incluyen composiciones musicales en programas no dedicados a la música con el propósito de fomentar la introspección, inducir la relajación o simplemente para ofrecer un breve intervalo musical.

Ocasiones particulares, tales como aquellas en las que se lleva a cabo la transmisión de un concierto o una presentación específica.

La función descriptivo-ambiental.
La música asume tal papel cuando, al describir un lugar, entorno o ambiente, está plenamente justificada para estar presente, ya que verdaderamente constituye un componente integral de la realidad "objetiva" a la que se hace referencia a través del medio radiofónico. Se podría encontrar un ejemplo ilustrativo de esta función en un informe hipotético sobre el consumo de alcohol en discotecas, donde la música está presente constantemente.

Función de descripción e indicación de ubicación

Este fenómeno ocurre cuando se emplea una pieza musical en la radiodifusión que, aunque no forme parte del contexto, induce al oyente a una imaginaria localización o entorno específico. La citada transferencia se produce debido a que, al escuchar una melodía, el receptor la asocia automáticamente con un determinado referente, por pura convención sonoro-narrativa. Por ejemplo, la salsa con Cuba, un vals de Strauss con Austria o la música de carrusel con una feria.

La música descriptiva de ubicación es ampliamente empleada en la radio, especialmente en informes y en publicidad comercial. Sin embargo, su implementación evidencia una notable carencia de inventiva, dado que ciertamente constituye un recurso sumamente sencillo.

Función de expresión descriptiva.

En el medio radiofónico, la música cumple su rol al evocar un clima emocional específico y generar una atmósfera sonora concreta. En esencia, sirve para evocar sentimientos y emociones en el oyente.

En la presente situación, la música adquiere una dimensión subjetiva y simbólica, siendo empleada frecuentemente para ilustrar la psique de un personaje o el estado emocional que una situación específica provoca en ese individuo. Además, dicha herramienta suele emplearse con fines descriptivos visuales, con el propósito de representar de manera fidedigna los estados emocionales que generan algunos fenómenos meteorológicos como tormentas, precipitaciones o bórrascas, así como ciertos paisajes y entornos, aunque no formen parte intrínseca de los mismos.

Es fundamental llevar a cabo un análisis previo del contenido musical para seleccionar con criterio una pieza que impacte en las sensaciones y emociones deseables. Esta recomendación es razonable; sin embargo, su énfasis está justificado ya que a menudo los temas se eligen en función de sus títulos en lugar de las imágenes mentales que invocan al escuchar.

Es fundamental considerar que en múltiples situaciones, una única melodía puede cumplir con diversas funciones de manera simultánea. Esta situación podría presentarse, como por ejemplo, en un reportaje acerca de un parque temático. En la presente instancia, la melodía procedente de un carrusel constituye un componente intrínseco de la narrativa en cuestión, proporcionando contexto y, adicionalmente, convocando la remembranza de memorias de la niñez en aquellos auditores que la perciben.

Los efectos sonoros
En la actualidad, la preeminencia otorgada a la voz y la música en los

medios radiofónicos encubre el imprescindible papel que desempeñan los efectos sonoros en el proceso de producción radiofónica. Como observaremos a continuación, se trata de una materia prima esencial para un medio deficiente visual, ya que, entre otras cosas, también ayuda en la representación de entornos, lugares y atmósferas, es decir, paisajes sonoros.

El efecto puede definirse, de manera muy convencional, como aquel sonido natural o artificial que sustituye objetiva o subjetivamente a la realidad, provocando así en el oyente la percepción de una imagen auditiva, es decir, el referente que restituye. Los patrones auditivos de un efecto son identificables y comprensibles debido a su asociación con el mundo circundante, incluyendo objetos, animales, fenómenos meteorológicos, entre otros. Sin embargo, en algunos casos, tales patrones pueden carecer de un referente concreto, como las señales emitidas por radio cada hora o el sonido emitido por una nave extraterrestre.

En la instancia de definición de impactos acústicos, se abordó la distinción entre sonidos de origen natural o generados artificialmente. Esto implica que en la radio, a diferencia de otros medios audiovisuales, existe la oportunidad de utilizar sonidos capturados directamente del paisaje sonoro genuino que se quiere representar (por ejemplo, se pueden grabar los sonidos de una estación de tren o de un rincón de naturaleza rica). con diversas especies de aves), o alternativamente, emplear sonidos creados artificialmente que evocan otro sonido y, en consecuencia, pueden ser percibidos como genuinos. Un ejemplo ilustrativo es el de la emulación de sonidos naturales, tales como el crepitar del fuego que se puede lograr a través del uso de papel de celofán y la imitación del sonido de caballos por medio de la percusión en la cavidad abdominal o el uso de conchas de coco cortadas a la mitad.

Los roles y funciones de los efectos de sonido en la radiodifusión.

En la actualidad, la implementación de efectos sonoros en la radio es limitada, dado que resulta difícil incorporarlos de manera efectiva en una oferta programática centrada principalmente en contenidos informativos, magazines de entretenimiento y formatos musicales. Sin embargo, su presencia aún puede ser constatada en ciertas inserciones publicitarias, así como en reportajes donde se evidencia un evidente uso de las técnicas del lenguaje radiofónico.

Como ocurre con la música, esta materia prima puede servir para diferentes propósitos, siempre dependiendo del contexto en el que se integre y de las intenciones del emisor. Hablemos de ellas:

La función descriptivo-ambiental.

La aparición del efecto sonoro tiene lugar cuando este se presenta como un elemento auxiliar que contribuye a la descripción de un entorno o ambiente mediante su inclusión en el mismo. En esta función, además de ubicar al receptor, el impacto resulta en una mejora de la confiabilidad del mensaje. Este fenómeno se presenta, a modo de ilustración, al referirnos al océano, en cuyo caso es posible complementar nuestro exposición auditivamente por medio del sonido de las corrientes marinas y el canto de las aves gaviotas.

La función descriptivo-expresiva.

Este fenómeno ocurre cuando el efecto sonoro posee un valor comunicativo distintivo, a pesar de no ser un componente integral de la realidad representada. Este sonido posee la capacidad de enfatizar la carga simbólica del medio radiofónico, puesto que, de manera similar a la música, tiene la capacidad de evocar en la audiencia diversas impresiones y sentimientos al ser percibido auditivamente.

Un ejemplo pertinente sería la utilización del efecto sonoro denominado "trueno", a fin de simbolizar el punto culminante de una discusión. Asimismo, el sonido del "rugido de un león" puede representar eficazmente el enojo de un personaje, mientras que el constante "martilleo" puede asociarse con un intenso dolor de cabeza.

Función narrativa.

Hay efectos de sonido que, de forma autónoma, pueden evocar una acción específica, como por ejemplo la acción de abrir una puerta, encender un vehículo o caminar sobre la arena. Estos son solamente algunos ejemplos notables y descriptivos que se pueden mencionar. Estos efectos cumplen una función narrativa, dado que no se requiere la presencia de ningún otro recurso del lenguaje radiofónico para elucidar la representación que dichos sonidos ostentan.

Función ornamental.

Este fenómeno se manifiesta cuando el efecto sonoro adquiere un valor meramente secundario y, en esencia, actúa como un elemento de refuerzo. En contraste con los efectos que tienen una función de descripción ambiental, estos no son considerados como elementos indispensables para la ubicación del receptor. La inclusión del sonido de una máquina tragamonedas no puede considerarse esencial para la representación de una escena ambientada en una cafetería. No obstante, resultaría sumamente arduo descartar la emisión sonora que brindan los recipientes tales como las tazas, cucharillas, y otros elementos similares.

Independientemente de su uso previsto, al trabajar con efectos de sonido en la radio, es crucial no pasar por alto la tendencia pronunciada que todos tenemos de asociar un concepto con un sonido, aunque solo sea por convención cultural. Veamos algunos ejemplos:

El paso del tiempo (reloj)

Noche (grillo, búho)

A la orilla del mar (con olas y gaviotas).

En el área rural, se puede percibir el dulce sonido emitido por las aves en su canto.

Individuo transita por la noche (ruido de pisadas en el pavimento)

El silencio

En un medio auditivo por excelencia, como es la radio, mencionar el silencio podría parecer inicialmente fuera de lugar. No obstante, debe señalarse que el silencio es un componente fundamental del lenguaje empleado en el medio radiofónico. Como tal, al igual que los elementos discutidos hasta el momento, es capaz de transmitir, relatar y definir mediante su uso cuidadoso.

La condición de silencio en la radio se manifiesta mediante la inexistencia absoluta de sonido, lo cual indica la ausencia de cualquier tipo de música, efectos sonoros o voz. Sin embargo, para comprender plenamente su significado, es necesario tener en cuenta la relación que el silencio guarda con los elementos que lo preceden o suceden.

Sin embargo, el uso del silencio se encuentra altamente restringido, en virtud de que, al no contar con un conocimiento acabado de sus protocolos, el receptor comúnmente tiende a percibirlo como una señal no deseada, un error técnico, un ruido o una interrupción desafortunada en el proceso comunicativo. En efecto, en nuestra cultura, se observa una gran aversión hacia el silencio, especialmente en aquellos entornos donde éste es predominante, como por ejemplo en situaciones en las que varias personas comparten un ascensor, en una casa deshabitada o en una sala de espera de un consultorio odontológico.

La ausencia de sonido se convierte en parte integral de la transmisión de radio como un elemento adicional en la transmisión del mensaje. Supone una elección. En la elección reside la oportunidad de plasmar la expresividad artística. En verdad, se presentan diversas circunstancias en las que podemos emplear la ausencia de expresión verbal, a modo de ejemplo, para simbolizar el estado afectivo de un individuo que decide abstenerse de participar en una conversación; o para fomentar la contemplación, al momento en que el orador efectúa una pausa en relación a un asunto polémico, convidando a los interlocutores a ponderar sobre el mismo. Además, tiene influencia en la edificación del tiempo radiodifusivo, puesto que a través de su utilización es posible expresar, como ejemplo, lo que en el ámbito narrativo audiovisual se conoce como una elipsis, es decir, un acortamiento temporal.

En el ámbito de la radiodifusión publicitaria, el silencio es raramente empleado, presumiblemente debido a que se desconoce su capacidad como elemento del lenguaje radiofónico para transmitir significado en el medio que nos ocupa. No obstante, algunas vivencias corroboran la eficacia de la falta de ruido como atracción.

Para concluir este apartado, es fundamental diferenciar el silencio de la pausa en la radiodifusión, ya que esta última supone una interrupción intencionada del sonido. No obstante, en consonancia con su naturaleza dependiente del contexto, el silencio requiere un marco referencial para adquirir significado, mientras que, por su parte, la pausa desempeña un papel esencial en la organización y sentido sintáctico del discurso verbal al que acompaña.

Además, conviene destacar que uno de los retos a los que se enfrenta el individuo que genera contenidos para la radio, al valerse del silencio, es la extensión temporal de dicho recurso. En realidad, un contenido de longitud excesivamente amplia puede ser malinterpretado, al mismo tiempo que un contenido de extensión limitada puede no ser debidamente captado. Se establece que un período de ausencia de transmisión, a fin de lograr la deseada efectividad, deberá comprender un lapso no inferior a 3 y no superior a 5 segundos.

Adquiriendo Un Mayor Entendimiento Para Mejorar Nuestra Habilidad Comunicativa.

En ocasiones, nos percatamos de que consideramos habitual infligirnos daños tanto menores como importantes. De hecho, es posible prevenir estos problemas y establecer un estilo de vida donde la norma sea la cortesía, la empatía y la colaboración.

La humanidad exhibe hábitos cuestionables al priorizar la apariencia antes que la sustancia, al centrarse en la imagen antes de deleitarse con el exquisito manjar que se les brinda. Es preciso afirmar que el actual sistema capitalista propende a que las personas se conformen con emitir juicios moralizantes, que son más expeditos y sencillos, en lugar de dedicar el tiempo y el esfuerzo necesarios para acercarse a los demás e intentar comprender sus anhelos y expectativas. La influencia sociocultural resulta indudable en la medida en que el comportamiento humano hacia sus semejantes se halla impregnado de hábitos comunicativos altamente censurables.

Se encuentran diversas metodologías sencillas imbuidas de raciocinio común, idóneas para facilitar la audición, la expresión y la percepción del sentir ajeno. Todo ello evitando perderse en flujos sentimentales o conversaciones interminables. En mi opinión, el método de enseñanza más destacado es la Comunicación No Violenta impartida por Marshall Rosenberg.

¿Cuál es la definición de Comunicación No Violenta? ¿Podría usted describir la naturaleza y objetivos de su enseñanza, y presentar cómo sus principios y directrices podrían beneficiar los proyectos emprendidos por asociaciones y otros colectivos?

Le demostraré la utilidad de la Comunicación No Violenta en la gestión de un proyecto, con la finalidad de que comprenda los principios fundamentales de esta metodología y sus características en un contexto de proyecto en el cual esté involucrado. Te exhibiré cómo la habilidad de la comunicación cortés y no-impositiva tiene el potencial de asistir a individuos o colectivos comprometidos en la gestión y transmisión eficiente de proyectos de naturaleza social o profesional, en los cuales participan diversos actores. Concluyendo esta guía, enunciaré algunos de los límites inherentes al empleo de la Comunicación No Violenta, a fin de que puedas aplicarla de forma práctica y adecuada en cada situación.

I.1 – Diversas formas de comunicación.

Es factible que tengamos la capacidad de influir en nuestra propia vida y la de los demás mediante la manera en que percibimos el entorno y transmitimos nuestros pensamientos y palabras.

marshall rosenberg

La disciplina de las ciencias de la comunicación abarca un vasto dominio que se puede segmentar en múltiples niveles/estratos. Cada nivel engloba a los situados debajo de él. La comunicación de masas es el nivel que ocupa la posición principal en esta jerarquía y, en consecuencia, se relaciona con todos los otros niveles. Hace referencia a un mayor número de individuos a lo largo del tiempo y el espacio en comparación con otras entidades, y trata con igual consideración a todos los niveles jerárquicos inferiores.

Es necesario tener una comprensión precisa de la posición que uno ocupa en una determinada jerarquía para mejorar la efectividad de la comunicación, considerando que las técnicas aplicables varían significativamente dependiendo de las circunstancias.

A continuación, se le proporciona una breve descripción que puede contribuir a su comprensión más detallada de dichos niveles.

Los tres niveles de comunicación constituyen un modelo teórico que permite entender y analizar los distintos elementos que forman parte del proceso comunicativo.

Es posible categorizar las comunicaciones en tres niveles mediante una clasificación basada exclusivamente en su alcance difusivo:

La comunicación interpersonal

El acto de comunicación entre dos individuos, conocido como comunicación interpersonal, se fundamenta en la transferencia de información entre un emisor y un receptor. Dentro del contexto de las interacciones humanas, sirve como piedra angular fundamental de la existencia social. En términos generales, la comprensión alcanza su máximo potencial en este lugar. Sin embargo, la cantidad de destinatarios se encuentra restringida a una única persona. La retroalimentación es casi sistemática. Existe en particular un dispositivo telefónico y la posibilidad de sostener una conversación verbal...

Comunicación de grupo

La comunicación en grupo se caracteriza por la presencia de uno o varios emisores que se dirigen a una audiencia específica y bien definida, mediante un mensaje cuidadosamente adaptado a su comprensión y cultura.

Este es el que afloró con las formas modernas de cultura, muchas veces orientadas hacia la cultura de masas (sociedad de consumo), donde la publicidad dirigida a grupos específicos de consumidores potenciales es la más reciente y pronunciada. Los efectos de la comunicación de grupo se sitúan entre los de la comunicación interpersonal y los de la comunicación de masas. La complejidad y multiplicidad de la comunicación grupal también está ligada a factores como el tamaño y la función del grupo, así como las personalidades de sus miembros.

Asimismo, es posible incorporar dicha premisa en la comunicación interna de una organización, tal como una asociación, así como en su difusión externa dirigida hacia una audiencia específica. Por lo tanto, los grupos pueden abarcar categorías de individuos, incluidos aquellos afiliados al mismo servicio u organización, socios o asociados, contribuyentes y voluntarios.

La difusión mediática

La comunicación masiva se refiere al emisor o grupo de emisores que están interconectados y se dirigen a todos los destinatarios disponibles en un formato amplio. Se considera que la comprensión es la menos favorable debido a la presencia de ruido, que actúa como una perturbación significativa que interfiere con la recepción adecuada de los mensajes, y también debido a la prolífica cantidad de receptores involucrados. Rara vez cuenta con una retroalimentación o, cuando la recibe, ésta se caracteriza por ser de una velocidad sumamente reducida.

La presente forma de comunicación se ha concebido a través de la introducción de los principios de la organización de una gran cantidad de individuos, lo que se denomina los cuatro componentes de: normalización, método de producción en masa, la gestión científica y la promoción comercial... En efecto, nos estamos refiriendo a los medios de comunicación masiva. Dentro de su estructura se encuentran incluidos tanto la radiodifusión como la televisión. La falta de respuesta posible los convierte en un instrumento ideal de propaganda. La irrupción de internet ha permitido la reversión de procesos previamente establecidos.

En esta guía, nos centraremos específicamente en los temas de comunicación interpersonal y grupal.

La Capacidad De Validar

Cuando reflexionamos sobre cómo podemos mejorar nuestra relación, solemos considerar opciones concretas, como la adquisición de joyas, la invitación a cenar en un restaurante, la sorpresa de lencería elegante, la compra de flores y chocolate, o la planificación de un viaje romántico en común.

Aunque estas prácticas no conllevarán efectos perjudiciales para su relación, a largo plazo no representan los medios más perdurables para establecer una conexión emocional con su pareja. Una relación matrimonial o de pareja duradera no puede subsistir de forma sostenida únicamente a partir de estos factores.

El aspecto más profundo de su relación se relaciona más con su conexión que con sus actividades compartidas. Se llama validación. La comprensión y valoración de los pensamientos y emociones de su pareja son fundamentales para el fortalecimiento de su relación.

Por favor, recuerde el momento más reciente en el que experimentó una verdadera sensación de comprensión y entendimiento hacia su persona. Quizá fue aquel educador o educadora en el ámbito escolar que demostraba una habilidad destacable al momento de proporcionar consuelo a aquellos que se encontraban en un estado de tristeza. Posiblemente haya sido alguien de tu círculo cercano quien abandonó sus quehaceres al tiempo que contactaste a fin de compartir ciertas novedades. Rememore el último episodio en que experimentó una escucha activa, completa comprensión y conexión sincronizada. Es una sensación maravillosa. Tal situación ejemplifica la eficacia de la validación.

La validación en el contexto de tu relación implica un proceso análogo. Esto implica elegir activamente estar presente y ser respetuoso con las experiencias de tu pareja cuando comparte contigo sus sucesos o emociones diarias. Se integra a la realidad del interlocutor en cuestión y contempla los acontecimientos desde su propia óptica. Se trata de una técnica que permite evidenciar la comprensión y el reconocimiento de los pensamientos y sentimientos del interlocutor, tal y como son expresados por éste. Investigaciones han evidenciado que el sostener diálogos de esta índole contribuye a que el destinatario se sienta más confiado y reforzado. Por el contrario, las prácticas de negación pueden generar sentimientos de reproche, indiferencia o resentimiento en la pareja.

Las mejores relaciones son aquellas en las que las dos partes comparten sus pensamientos internos (sus sentimientos, emociones y deseos genuinos) y donde ambos, a su vez, realmente pueden entenderse. Al hacer la elección consciente de adoptar un enfoque de comunicación que ponga en práctica la validación, lograrás establecer un vínculo de confianza y cercanía. Estos son los vínculos que sustentan la durabilidad de las relaciones.

Aunque puede parecer una noción sencilla, la práctica de la validación puede presentar desafíos esporádicos.

Supongamos que su cónyuge ha llegado al hogar y le comunica que se encuentran profundamente indignados en su trabajo debido a que recientemente les han notificado sobre la necesidad de laborar inclusive durante el período de vacaciones. ¿Cuál es su respuesta inicial? Una gran parte de nosotros expresaría nuestro respaldo al colega y manifestaría una inclinación innata por abordar la situación y hallar una solución satisfactoria. Quizás podrías proporcionar algunas recomendaciones para abordar el problema. Sin embargo, es posible que tu cónyuge interprete esa acción de manera negativa. Es factible que el individuo no posea el interés de obtener asistencia para disipar la inquietud; es probable que hayan ejecutado diferentes estrategias de antemano, por lo que su actitud hacia tu consejo podría ser adversa, sin importar la nobleza de tus propósitos.

Invalidación

La invalidación constituye el acto mediante el cual las perspectivas y emociones de un individuo son desestimadas, ignoradas o evaluadas de manera crítica. Esto puede ser inconveniente para cualquier persona, pero resulta particularmente intimidante para aquellos de una sensibilidad más elevada.

La invalidación interfiere en las interacciones entre las parejas y conducen a la disolución de la relación. Cuando dos personas se invalidan mutuamente, se crea una sensación de distancia, lo que hace que la tolerancia sea cada vez más desafiante.

La negación personal y la objeción de parte del interlocutor pueden obstaculizar significativamente la superación de la desesperanza y de la ansiedad. Existe la creencia generalizada de que la invalidación puede desencadenar dificultades irreversibles en una relación interpersonal.

Un gran número de individuos rechazaría la posibilidad de negar las experiencias de su otra mitad. No son muchos los que objetarían deliberadamente el punto de vista de la otra parte. En todo caso, ciertos individuos podrían experimentar incomodidad al enfrentarse con emociones intensas y, erróneamente, creer que están brindando ayuda cuando en realidad están anulando la situación.

Con respecto a la autoinvalidación, muchas personas estarían de acuerdo en que se anulan a sí mismas, pero declaran que merecen tal tratamiento. Se sostiene que ellos no son dignos de tal validación. Los individuos en cuestión no experimentan confort en relación a su humanidad. La validación no constituye una autoafirmación per se, sino que se trata de una simple afirmación que evidencia que se ha producido una experiencia interna.

Invalidación Verbal

Existen diversas causas y métodos por los cuales se puede experimentar una invalidez en la percepción personal por parte del entorno cercano. A continuación, se presentan algunos ejemplos para su consideración:

Interpretar erróneamente el significado del término "Intimidad".

En ocasiones, se da el caso de que las personas asumen conocer de manera precisa los sentimientos de su cónyuge sin necesidad de hacer preguntas, basadas en la supuesta cercanía que tienen en su relación. Este enunciado implica que debido a la comprensión mutua existente, no se considera necesario realizar preguntas adicionales. Incluso pueden estar inclinados a entablar una discusión si les expones tus opiniones o emociones que no concuerdan con sus expectativas.

Existen inquietudes y ambigüedad acerca de la comprensión del concepto de la Validación.

En ocasiones, puede ocurrir que tu cónyuge desestime tus emociones o ideas, dado que validarlas implicaría aceptar que están en concordancia contigo. Alguien podría expresar que considera inadecuado que te disgustes con tu compañero, sin embargo, ello no implica necesariamente que comparta tu opinión. La validación y el acuerdo no son conceptos equiparables. Sin embargo, en su intento por proporcionar consuelo, podrían subestimar tus emociones al decir: "Su reacción no debería ser así".

La imperativa necesidad de procurar tu bienestar emocional.

Le ruego que no se exaspere. ¿Desea usted un poco de chocolate? Aquellos que lo aprecian y tienen un afecto profundo por usted, en ocasiones minimizan sus perspectivas y emociones, con la intención de aliviarle el dolor y proporcionarle un poco de consuelo.

Deseo evitar causar daño a tus emociones.

En ocasiones, es posible que tu cónyuge recurra a la mentira para no herir tus sentimientos. Es posible que te informen de que luces formidable con una prenda que en realidad no se adecua de la mejor manera a tu figura. Tal vez le comuniquen su conformidad durante un debate, cuando en realidad su postura difiere.

"Aspirar a lo óptimo para tu persona".

Individuos que sienten aprecio hacia tu persona, usualmente desearán tu bienestar. En consecuencia, existe la posibilidad de que se preocupen por llevar a cabo tareas que podrías realizar con facilidad por ti mismo/a. De igual forma, se le sugiere cultivar una relación personal con un individuo de considerable influencia, aunque típicamente no sea de su agrado. Se podría argumentar que podrían asignar un nivel de apreciación excesivo a la calidad de amistad de ese sujeto, incluso en situaciones donde no se corresponde con la realidad. Sería recomendable que mostrases mayor amabilidad hacia él/ella, ya que está siendo beneficioso/a para ti.

De igual forma, se dispone de una extensa variedad de procedimientos de anulación. A continuación, he recolectado un par de los mismos.

Acusar

Usted frecuentemente expresa emociones a través del llanto y puede manifestar su descontento con su entorno, lo que puede tener un impacto negativo en su alrededor. ¿Por qué no surtiste de combustible el vehículo antes de arribar a nuestro domicilio? Usted no parece dar consideración suficiente a las situaciones, lo cual ocasiona dificultades en mi vida. Atribuir constantemente la culpa a tu pareja socava su validez. Incurrir en una acusación no equivale a asumir una responsabilidad.

Fingir que todo está en orden.

En ocasiones, podría darse el caso en el que se trata de evitar cualquier tipo de sentimiento que genere incomodidad o vulnerabilidad, por lo que se tiende a eludir ofrecer respuestas honestas. Indicar que algo "no es gran cosa" en situaciones que consideramos importantes es una forma de fingir indiferencia, de la misma manera en que se elogia el trabajo de alguien que, en realidad, no cumplió con las expectativas o se afirma que nuestros amigos disfrutaron conocer a alguien cuando, en realidad, no fue así. Es arriesgado no ser consciente de los posibles inconvenientes que algo pueda presentar para usted. Manifestar: "No hay inconveniente en llevar a cabo esa solicitud", aún cuando se presenta una sensación de desbordamiento, implica fingir una situación favorable."

Juzgar

Estás demostrando una actitud poco adecuada" y "Esa perspectiva carece de fundamento" son ejemplos de evaluaciones que invalidan la perspectiva del interlocutor. La burla es un comportamiento altamente perjudicial, manifestado a menudo a través de la expresión despectiva: "Una vez más, actuando como una persona emocionalmente inestable sin justificación alguna".

Denegar

"No estás enfadado/a. Poseo conocimiento sobre tu comportamiento en situaciones de fuerte descontento. "Has comido mucho. Entiendo que ya no sientes apetito. Estas declaraciones desacreditan o cuestionan la autenticidad de los sentimientos del otro individuo al afirmar que están en desacuerdo con lo que dicen sentir.

Minimizar

"No te estreses. "No hay de qué preocuparse, y no vale la pena que pierdas el sueño por algo tan trivial", es una expresión que normalmente se utiliza en una conversación formal. No obstante, el índice comunicado es abstenerse de experimentar las emociones que se manifiesten en uno.

Descalificación no verbal

El acto no verbal de cancelación es bastante potente y se manifiesta al poner los ojos en blanco, dar golpecitos con los dedos o mirar la hora mientras la otra persona habla. Optar por enfocarse en la revisión de correos electrónicos o en el entretenimiento de juegos en el teléfono presenta igualmente una situación perjudicial, sin importar si la intención original de la persona era enviar dicho mensaje o no.

La práctica de la autoinvalidación no verbal ocurre cuando uno se involucra en comportamientos como el exceso de trabajo o las compras excesivas sin atender a sus sentimientos, deseos o necesidades inherentes.

Substituir Invalidación por Validación.

El enfoque más eficaz para dejar de invalidar a los demás, a tu pareja oa ti mismo es practicar la validación. La validación nunca se trata de falsedad o, de nuevo, de consentir cuando se está en desacuerdo. Se encuentra relacionado con la comprensión de la experiencia interna de otros individuos como un fenómeno legítimo y razonable. Este hecho podría generar notables mejoras en su relación.

¿Cómo brindas validación a tu compañero/a?

Formal tone: "Realice algunas preguntas para determinar si su pareja cumple con sus criterios de validación."

- ¿Les haces saber que sus palabras son importantes para ti?

¿Demuestra usted empatía hacia ellos cuando evidencian estar atravesando una situación difícil?

¿Les ha transmitido que ha tenido en cuenta sus palabras?

¿Ha comunicado su deseo de comprenderlos emocionalmente?

¿Comunicas de manera efectiva tu aceptación y reconocimiento de sus emociones, aún cuando estas puedan divergir de las propias?

Considerar estos aspectos. En caso de que la resolución sea afirmativa, denota que posiblemente se haya fallado en validar a la pareja en la mayoría de las oportunidades.

Por lo tanto, ¿cuál es la estrategia efectiva para escuchar y validar a su cónyuge con éxito? Existen algunas premisas fundamentales que resultan útiles para gestionar adecuadamente las discusiones.

La práctica de la escucha atenta y participativa se constituye como una de las etapas primordiales en el proceso de validación. Lo anterior denota una necesidad de concentrarse adecuadamente en las palabras expresadas por la pareja en cuestión. Si bien puede ser desafiante, es recomendable que contengas tus respuestas y reacciones hasta que la persona termine de comunicar su mensaje. Absténgase de promover, alterar, asistir o corregir las circunstancias, y enfóquese en una actitud de aceptación serena. Déjalo para más adelante. En este momento, lo relevante es la experiencia presente de tu compañero/compañera. Indica un comportamiento atento hacia ellos desviando su concentración de todas las actividades en curso (como apagar la televisión o el ordenador), volviéndose hacia ellos, haciendo asentimientos de cabeza y manteniendo contacto visual mientras se comunican.

La siguiente etapa en la validación involucra demostrar respeto y tolerancia hacia ellos. Este comentario implica que usted reconoce tanto los contenidos como las emociones expresadas por la otra parte. Se puede expresar de manera formal diciendo: "Es factible observar que usted se encuentra afectado por este asunto" o "Tenéis un aire depresivo notable"... En vez de tratar de infundir ánimo en su pareja, se le permite el espacio para que exprese sus inquietudes durante un período determinado". Evite intentar alterar o disminuir la naturaleza de la experiencia vivida por ellos.

La validación no implica necesariamente estar en concordancia. Es de suma importancia ser capaz de identificar y comprender los sentimientos de su compañero/a, sin embargo, esto no implica necesariamente que deba compartir de manera plena sus puntos de vista emocionales. Por ejemplo, considérense la situación en que han acordado asistir a una proyección cinematográfica en compañía. Una vez de regreso al hogar, tenéis una conversación acerca de vuestras impresiones al respecto. La percepción de tu compañero/a de vida es que él/ella es encantador/a y perspicaz; sin embargo, en contraste, tú resultaste desinteresado/a y no encontraste en ello nada asombroso. Se puede validar su punto de vista mediante la afirmación: "Se podría inferir que disfrutaste mucho la obra cinematográfica en cuestión". "No tanto a mi persona, aunque me satisface saber que hayas disfrutado de su visionado". De este modo, se está avalando la complacencia de su contraparte en algo, aun cuando no se comparta necesariamente la misma perspectiva o parecer.

Deberías hacer preguntas. Cuando tu pareja exponga algún contratiempo o acontecimiento difícil, es conveniente que procures comprender sus emociones y necesidades. Para ello, puedes indagar mediante preguntas pertinentes que permitan dilucidar la situación, por ejemplo: "¿Cuáles son tus deseos en este momento?" "¿Cómo afrontaste la situación?" "¿Qué sentimientos te están inundando?" Abordar estas cuestiones con tacto puede resultar muy beneficioso para tu compañero o compañera sentimental. Manifestar afinidad con la perspectiva del interlocutor y procurar percatarse de su comprensión.

Demuéstrales que lo/a entiendes. Incorpore declaraciones de validación, como "Siento empatía por su perspectiva" o "Reconozco y aprecio sus sentimientos dentro de las circunstancias dadas", para expresar comprensión hacia su estado emocional. Asimismo, es posible manifestar la validación mediante procedimientos no verbales, tales como brindarles un abrazo cada vez que se encuentren apenados, ofrecerles una taza de té si se hallan agitados o proporcionarles espacio si requieren tiempo para reflexionar.

En última instancia, la calidad de su conexión es mucho más relevante que las actividades que realizan juntos.

Los Orígenes De La Comunicación No Verbal:

Existen dos enfoques posibles para examinar la conducta humana: uno consiste en partir de la premisa de que es innata, congénita y, en última instancia, natural; el otro enfoque implica considerar que es adquirida, aprendida, impuesta y, por lo tanto, cultural. Por supuesto, explorar ese tema de acuerdo con cualquiera de estas posturas conlleva implicaciones sumamente radicales que no resultarían útiles para una comprensión profunda del ser humano.

Mi postulado, en sintonía con la mayoría de los escritores mencionados en esta publicación, es que la conducta en su totalidad, y específicamente la conducta comunicativa, es intrínseca y propia de la naturaleza humana; no obstante, se adaptará y transformará manifestando un moldeamiento culturales según las influencias del entorno, la familia y la sociedad.

Cuando se establece que el comportamiento es inherente, se está aludiendo no al comportamiento en sí mismo, sino a la aptitud que posee el ser humano (y otras criaturas vivas) para desenvolverse, comunicarse y en última instancia, ajustarse a las circunstancias de la vida. Una postura similar se encuentra en la teoría de Ekman. Los señores P y Friesen, en su estudio, postularon que las siguientes fuentes constituyen la comunicación no verbal:

• Programas neurológicos heredados.
• Experiencias que son universalmente compartidas por todos los miembros de la especie.
Experiencias diferenciadas con respecto a la cultura, los valores familiares y otros factores pertinentes.

Indudablemente, la interdependencia entre el instinto y el entorno en el ser humano es un factor crucial que ha sido objeto de numerosas investigaciones recientes.

Knapp, M. l estados:

Nuestra capacidad inherente para la adquisición de idiomas no es suficiente para aprender un idioma sin orientación e instrucción cultural. "Los menores que se han visto privados del contacto interpersonal sufren una limitación en el desarrollo de su aptitud lingüística." (2)

Es evidente que ciertas expresiones no verbales tienen su origen en programas neurológicos, mientras que otras se ven influenciadas por el entorno de aprendizaje al cual el individuo se ve expuesto. Además, es imperativo tener en cuenta que, según Knapp, M. L. Es posible que ciertos comportamientos que se comunicaron predominantemente a través de medios culturales durante una era histórica específica se hereden genéticamente posteriormente, siempre que dicho comportamiento mejore la supervivencia y la propagación de la especie.

Los Canales De Comunicación Propios

El teléfono

En la actualidad, abordar la temática del teléfono implica referirse a un medio que ha adquirido un carácter tecnológico imprescindible, disponible para una amplia franja de la población en la mayoría de las naciones del planeta, el cual es considerado un elemento integrado en el entorno habitual de su vida diaria. Las cifras estadísticas relativas a la accesibilidad del dispositivo móvil son sobresalientes en cuanto a su desempeño.

El dispositivo telefónico es ubicuo en los entornos donde se invierte la mayor parte del tiempo, tales como el ámbito laboral, los espacios públicos y el hogar.

Este hecho ha originado una difusión inadvertida y ha permitido que la tecnología incursionara discretamente en los ámbitos más privados y personales de las actividades individuales. La utilización del teléfono se ha transformado en un emblema cultural con un gran potencial de integración social, más que en un simple fenómeno de consumo electrónico.

Su aplicación en las entidades corporativas

El teléfono es un canal de comunicación de uso común que a menudo carece del reconocimiento que merece como componente importante de la imagen general de una organización que se proyecta hacia el exterior. En virtud de lo anteriormente expuesto, consideramos imprescindible exponer a continuación una serie de consideraciones relevantes, con el objeto de lograr un uso más adecuado y eficiente.

La normativa reguladora del procedimiento telefónico.

La identificación es crucial al contestar una llamada telefónica. Es imperativo presentarse y preguntar sobre la identidad de la persona que llama y el propósito de la llamada.

Si la llamada es externa, se debe presentar identificación, consulta de la persona con la que se habla y el motivo de la llamada.

Es importante sostener el teléfono de manera adecuada con el fin de transmitir una sensación de seguridad y atención. Al mantener el teléfono sostenido con la cara y el hombro, se presenta el riesgo de su caída y posible interrupción de la comunicación.

Es aconsejable mantener una postura adecuada al comunicarse con los demás. Mostrar desinterés o apatía puede dar lugar a una percepción de desatención y falta de respeto hacia el interlocutor.

Emplear la señalización adecuada: el personal que atiende el teléfono puede ser requerido para proporcionar información relacionada con la organización sobre diversos temas. Por lo tanto, es recomendable utilizar una señalización adecuada para facilitar la ubicación rápida y eficiente de la información a transmitir.

Escuchar con atención: por muy ocupado que se esté al recibir una llamada, es fundamental saber escuchar para dar siempre una imagen de atención e interés.

La cortesía en el manejo telefónico constituye un requisito indispensable para aquellos que ejerzan esta función. Es importante mantener la compostura y no sucumbir ante la provocación de individuos que utilizan un tono desagradable cuando se comunican.

Es importante monitorear las pausas, especialmente cuando se brinda información sobre la organización.

Mantener la información apropiada fácilmente disponible da una impresión de profesionalismo y eficiencia.

Siempre es recomendable colgar en última instancia.

Garantizar una proyección adecuada de la imagen: es esencial que se corresponda con la imagen institucional de la organización.

Es esencial hablar con un ritmo apropiado, con el fin de transmitir una impresión de tranquilidad y confianza que no se lograría mediante la utilización de un lenguaje precipitado.

Utilizar la modulación de la voz para potenciar el significado de determinada información.

Adoptar una postura de sonrisa, aunque no sea visible, resulta beneficioso para proyectar una imagen de cortesía.

Agregar el énfasis apropiado en el momento oportuno.

Es recomendable garantizar la nitidez de la recepción telefónica, por lo que se desaconseja la presencia de fuentes de ruido cercanas o individuos que estén conversando a un volumen elevado.

Es importante mantener una actitud positiva incluso cuando se enfrentan a problemas que pueden parecer irresolubles. En lugar de dejar a la persona a la que ayudamos sintiéndose perdida, debemos esforzarnos por redirigir nuestros esfuerzos hacia soluciones alternativas.

Se recomienda la concisión al brindar información, evitando divagaciones innecesarias y enfocándose en el contenido esencial. Es necesario mostrar consideración hacia el tiempo de la persona que realiza la llamada, así como hacia la eficacia de nuestras propias acciones.

Puede usted indicarme cuál es la función que desempeña el Director de Comunicación?

A pesar de las apariencias, es evidente que los ejecutivos del sector farmacéutico no poseen una comprensión clara en torno a la función que ejerce un Director de Comunicación, ya que, si bien esta posición existe en diversos laboratorios, los líderes de la industria continúan enfrentando dificultades para identificar las tareas que deben desempeñar estos expertos en Comunicación.

¿Se imaginan este anuncio? Una corporación multinacional líder está buscando un Director Financiero. La titulación y experiencia previa no son requisitos indispensables. Suena a chiste ¿verdad? De hecho, es una realidad desafortunada que sigue siendo común en muchas empresas al tratar el puesto de "Director de Comunicaciones".

Inicialmente, es preciso destacar que son escasas las organizaciones que disponen de un ejecutivo encargado de la gestión de la comunicación corporativa, y aún menos son las que disponen de un área específica dedicada a tal fin, y aún menos frecuentes son las que han integrado dicha estructura en la esfera directiva del máximo dirigente o encargado general de la entidad.

No obstante, a pesar de las limitaciones, se observa un aumento en el número de organizaciones que disponen de un profesional especializado en el ámbito de la comunicación, ya sea por completo o en parte.

¿Cuál es su perfil? En efecto, hay una gran variedad de elementos. En verdad, todos ellos tienden a converger en dos puntos:

En primer lugar, típicamente son individuos que han estado desempeñando sus labores en la empresa durante un largo periodo de tiempo.

En segundo lugar, es importante destacar que escasamente alguno de ellos posee especialización en el ámbito de la Comunicación, es decir, ostentar un título universitario en Ciencias de la Información.

Lo primero está bien. Aquellos individuos que han acumulado un considerable tiempo de servicio dentro de la organización, poseen un conocimiento exhaustivo de las complejidades operacionales de la misma. Si poseen habilidades efectivas, tendrán la capacidad de discernir en todo momento, las acciones a seguir, los interlocutores apropiados y la metodología para abordar situaciones específicas, entre otros aspectos relevantes. Sin embargo, la cuestión que se plantea es: ¿Este factor les proporciona las competencias necesarias para asumir la responsabilidad en el ámbito de la Comunicación? La respuesta negativa es afirmativa. Si bien es cierto que otorga un valor agregado, dicho atributo no resulta esencial en definitiva.

La gestión efectiva de la Comunicación en una empresa requiere un extenso compendio de conocimientos acerca de la índole de dicha función, su dinámica y su contexto. Es imperativo adquirir conocimientos sobre el vehículo que se empleará para la comunicación, tanto en su apartado teórico como práctico.

Además, es preciso informarse y conocer en profundidad las peculiaridades de los medios y su situación actual, incluyendo entre ellas las personas implicadas en el proceso, así como las exigencias de cada uno y las particularidades del tráfico por el que transitará.

Y aún hay más. Para un Director de Comunicaciones eficaz, la información debe ser de suma importancia, y todos los esfuerzos deben estar dirigidos a garantizar su difusión fluida, eficiente y transparente.

Si una empresa prioriza sus propios intereses en la difusión de 'información', corre el riesgo de enfrentar una reacción violenta y la consiguiente erosión de la reputación. Una información estratégicamente equilibrada que alinee los intereses legítimos de la empresa con el derecho a saber de los medios y el público, será el aliado más preciado que una empresa pueda desear en su camino hacia el éxito.

En consecuencia, los líderes de las organizaciones de alta envergadura deben incluir este segmento en sus niveles superiores de gestión, confiriéndole un equipo de expertos altamente capacitados y experimentados, de forma similar a como se lleva a cabo en otras áreas al buscar profesionales idóneos.

Directores de comunicación cautivos

Los profesionales en comunicación que laboran en la industria farmacéutica experimentan restricciones significativas durante el desarrollo de sus actividades, limitando así su capacidad para desempeñar su trabajo de manera efectiva. Las múltiples presiones a las que se someten son un factor determinante en esta situación.

En un pasado reciente, específicamente en los primeros años de este siglo, se observó un cambio en el comportamiento de los laboratorios farmacéuticos, quienes abandonaron su enclaustramiento y establecieron contacto con la sociedad en general. En este sentido, comenzaron a transmitir información sobre sus operaciones, estructura empresarial, inversiones y progresos terapéuticos logrados con la finalidad de contribuir al mejoramiento de la salud humana. Con este propósito, incentivaron la instauración de la posición de Directores de Comunicación.

Estos individuos eran en su mayoría periodistas y comunicadores expertos, quienes eran respaldados por los líderes de las principales empresas. Sin embargo, hay que reconocer que los presidentes de las filiales españolas les otorgaron un voto de confianza y autonomía para desarrollar profesionalmente su trabajo tal y como exigía la sede internacional. Con una frecuencia significativa, se llevaban a cabo reuniones internacionales en las que los líderes de Comunicaciones de cada nación compartían sus experiencias, articulaban objetivos comunes y unían esfuerzos colaborativos para presentar ante el público los logros y beneficios otorgados por los laboratorios... Los individuos presentes están preparados y dispuestos a responder diligentemente a todas las consultas periodísticas, incluso si estas fueran sumamente delicadas.

Los Directores de Comunicación redactaban sus comunicados de prensa con un enfoque periodístico, considerando cuidadosamente los temas que pudieran ser de interés para el público lector. Estaban comprometidos en la difusión de información a través de una variedad de medios, incluida la presentación de conferencias, la redacción de ensayos, la coordinación de conferencias de prensa, la facilitación de mesas redondas, la programación de entrevistas con portavoces internos y externos, etc. Indudablemente, debían estar sujetos a una forma de autocrítica interna. Sin embargo, al reflexionar varios años después, la censura interna en cuestión parece de naturaleza trivial e intrascendente. Por tanto, se llevaba a cabo una revisión médica por parte de un profesional de la compañía previo al envío de cada contenido periodístico a los medios de comunicación. Tal proceso resultaba razonable, considerando que los comunicadores no necesariamente contaban con formación médica, lo que podría propiciar la inclusión inadvertida de errores de concepto o terminología. En ocasiones, el mismo presidente o algún otro miembro del equipo directivo también supervisaban el proceso de revisión. En casi todos los casos, los encargados de revisar el texto sabían que "actualidad" significa "hoy" y no "mañana" o "dentro de unos días". Como resultado, en el mismo día o como máximo en 24 horas, el Director de Comunicaciones recibió la aprobación para difundir ese mensaje al mundo.

Eso era entonces. ¿Qué ha pasado hoy? Debo admitir que me genera cierto temor al observar las Notas de Prensa que son entregadas a las redacciones. Probablemente haya un Director de Comunicaciones detrás de ellas, sin embargo... prisionero. Numerosos revisores han realizado una exhaustiva evaluación de los escritos en cuestión, llevándolos a cabo en distintas reuniones y ofreciendo detallados comentarios al respecto. Tras una repetida rectificación que pudo haber tardado varios días, acaso incluso más de una semana, finalmente informaron al director de comunicaciones que los escritos habían sido aprobados para su difusión.

¿Cómo se presentan dichos mensajes? - En primer lugar, se caracterizan por la presencia de un titular con más de dos líneas de texto, en ocasiones incluso extendiéndose a cuatro, redactado en letras mayúsculas y con especial énfasis en el nombre del producto, junto con la más reciente ventaja asociada al mismo.

Posteriormente, se presentará un breve esbozo de los dos o tres beneficios más significativos del producto o laboratorio, que se expondrán con mayor detalle en el texto siguiente.

Finalmente, llegamos al texto en cuestión y en él se hallan una abundancia de acrónimos, lenguaje técnico médico y científico, información relevante de la investigación y conceptos estadísticos utilizados por los investigadores. Todo ello en un lenguaje que solo los expertos son capaces de comprender en su totalidad. Ah, y vale la pena señalar que cada oración viene equipada con una referencia bibliográfica que brinda apoyo, similar al enfoque adoptado en los materiales de marketing utilizados durante las visitas médicas. Cabe recalcar, para quienes no lo sepan, que toda declaración promocional sobre un medicamento que se incluya en un folleto promocional debe estar avalada por un artículo científico correspondiente. Por lo tanto, es habitual que cada declaración que se enumera en el folleto vaya acompañada de la cita bibliográfica correspondiente. No obstante, y aunque pueda resultar sorprendente, los líderes empresariales en la industria farmacéutica siguen percibiendo las Notas de Prensa como herramientas publicitarias y demandan que su contenido se enfoque en publicidad y esté respaldado por referencias científicas pertinentes.

Posteriormente y tras haber concluido lo que se consideraba el fin, se hace constar un extenso contenido referente a la identidad del laboratorio, la enunciación de sus marcas líderes, su cotización en el mercado bursátil, así como sus derechos de propiedad intelectual, redactado de manera evidente por especialistas legales pertenecientes al departamento jurídico de la institución.

La denominación convencionalmente asignada a dicho texto es "Nota de Prensa"; sin embargo, cabe señalar que el mismo no posee las características inherentes a dicha modalidad comunicativa, sino que más bien exhibe una connotación propagandística y defensiva. En efecto, resulta evidente que su producción no ha sido única y exclusivamente revisada por expertos médicos, sino que, además, diversos cuadros directivos han intervenido en dicha tarea; a lo que se suman, asimismo, las apreciaciones vertidas por el equipo de abogados que han intervenido en el proceso. Indudablemente, ese enfoque se centra únicamente en el producto y la entidad fabricante, y no aborda los aspectos relativos a las experiencias del paciente, sus expectativas y el potencial alivio de su enfermedad. El material escrito se presenta desde una perspectiva egocéntrica, destacando la incapacidad de los autores para comunicarse con los pacientes en un nivel de persona a persona y transmitir información de manera comprensible. Puesto que un periodista competente e íntegro, independientemente de la organización para la que labore, debe redactar artículos para su audiencia, con el objetivo de abarcar temas apasionantes que generen interés en su lector, empleando una dicción atractiva, y una estructura clara y accesible para su lectorado.

En términos generales, los directores de comunicación dentro de la industria farmacéutica enfrentan limitaciones en su capacidad para interactuar directamente con el público como lo desearían. No es raro que se vean obligados a acceder a las directivas de los altos mandos y, en algunos casos, a actuar como un "amortiguador" contra las persistentes preguntas de los periodistas que buscan información de los altos ejecutivos. La industria farmacéutica aún enfrenta desafíos significativos en cuanto a la transparencia de su información y operaciones.

Lo Universal En Lo Mundano. De La Modalidad Presencial De Carácter Físico A La Alternativa Digital.

La elaboración de una tesis universitaria conlleva diversos desafíos en el ámbito académico, entre los que se incluye la necesidad de delimitar adecuadamente el objeto de estudio y definir precisamente los conceptos y categorías relacionados con el tema abordado, con el fin de establecer una comunicación eficaz con la comunidad científica y académica correspondiente. Las complicaciones antes mencionadas se agudizan aún más cuando se trata de una tesis doctoral. Recuerdo esos entresijos cuando durante la década inicial del actual siglo XXI, tuve que emprender un esfuerzo similar para mi investigación sobre la globalización con una perspectiva latinoamericana. Me esforcé por explorar a fondo todos los aspectos del tema de la globalización para determinar con precisión su "estado del arte", solo para encontrarme con un intenso debate académico con puntos de vista polarizados con respecto a la definición del fenómeno. En ese momento me encontré con perspectivas que revelaban una fuerte inclinación hacia el entusiasmo, algunas de las cuales eran prácticamente apologéticas, mientras que otras eran dramáticamente fatalistas.

Abordo en este contexto el enfoque de la globalización, ya que su influencia en el desarrollo y fortalecimiento de la época digital y su cultura consiguiente es de suma importancia.

Estoy abordando el concepto debido a la necesidad imperante de situar en contexto el entorno en el que se desarrolla el fenómeno presente en este libro La naturaleza interconectada e interdependiente de nuestro mundo globalizado, a pesar de las desigualdades inherentes que crean un camino de doble vía de inclusión y exclusión y aceleran o desaceleran el cambio en diversas regiones y sociedades, tiene como resultado un efecto envolvente.

Sin tomar una posición extrema específica sobre el evento que configura y condiciona actualmente la existencia de la humanidad, presento una propuesta para construir la definición de globalización en los siguientes términos, que creo apropiados:

Este es un evento complejo y de múltiples dimensiones que, como parte de un sistema, produce significativas transformaciones no solo en el ámbito económico, sino también en los aspectos sociales, culturales, tecnológicos y políticos. La interdependencia que resulta de este evento es de tal importancia que adquiere una relevancia esencial.

Dicho esto, es importante señalar que cuando nos referimos a la escala global como marco referencial de la era en cuestión, estamos ante una serie de situaciones que constituyen un proceso ágil y vigoroso que abarca todas las dimensiones de las relaciones humanas y actividades. La implicación global del sistema social previamente establecido es abarcada en su totalidad al comprometer todas sus dimensiones de manera simultánea. Tal situación da lugar a una interconexión significativa entre los diferentes elementos de la sociedad sin precedentes.

Como tal, la audiencia a la que cualquier persona que publica una foto o crea un video expresando su opinión sobre algo desde su cama, oficina, mientras camina por la calle o se sienta en una plaza, es una audiencia global, dada su naturaleza indeterminada. De igual manera, se hace constar que el acceso a ciertos contenidos está permitido en modo parcial. La globalización que lo impregna todo de forma transversal. Reconceptualizar la dimensión del tiempo y el espacio para modificar inadvertidamente la concepción de todas las entidades, desde las más rudimentarias hasta las más intrincadas.

tercero La comunicación es considerada como la acción humana más fundamental y esencial [4].

Aunque para algunos pueda resultar increíble, pareciera que el periodista prestigioso, ese que aparece maquillado y elegantemente vestido en un set de televisión con todo muy bien acomodado, pudiera llegar a tener menos influencia que un chico en un video con su camiseta casual, mostrando espontaneidad, contradicciones y contando con naturalidad su enfoque, su perspectiva, su punto de vista narrado como si fuera una historia. Se trata de un sismo de magnitud sin precedentes desde la proliferación de los medios tradicionales. El rol o la función del "líder de opinión" ha experimentado un cambio significativo. Experimentó un declive notable tras la irrupción de los influyentes de la cultura digital.

El monumento mencionado, rodeado de una especie de aura legendaria derivada de su historia y las conexiones con una influyente empresa de medios privada, ha perdido gran parte de su capacidad de influencia. En la actualidad, la consideración de la opinión de youtubers espontáneos con una gran cantidad de seguidores ha adquirido mayor peso en la toma de decisiones. Increíble. Sin embargo, es lo que adquiere importancia en el contexto actual.

Con las profundas transformaciones que se están llevando a cabo, los componentes de la comunicación están experimentando un impacto contundente. En la actualidad, los elementos de la comunicación, a saber, emisor, receptor, mensaje, código, canal y contexto, están siendo redefinidos por la comunicación audiovisual predominante, caracterizada por su simultaneidad, rapidez, instantaneidad y multicanalidad.

Tales circunstancias allanan el camino para el surgimiento de lenguajes y códigos novedosos. En cuanto a las formas que quedan y las que emergen, afines a dispositivos que se vuelven obsoletos (en algunos casos por diseño y en otros no), la ciudadanía se apropia de técnicas y canales novedosos, suplantando efectivamente a los primeros. Un ejemplo entre muchos es que el teléfono fijo convencional dejó de ser el dispositivo por excelencia que caracterizaba la comunicación y fue parte integral de la vida familiar durante la segunda mitad del siglo XX. Lamentablemente, si uno desea comunicarse con nuestra madre, padre o cualquier otro miembro de la familia, debe ser contactado a través de su dispositivo móvil. En los Estados Unidos y otros territorios, el uso del teléfono fijo es cada vez más infrecuente. El dispositivo móvil lo reemplazó de manera contundente.

Otro ejemplo, con un impacto social aún mayor, es el desplazamiento de las corporaciones privadas de información que controlaban el escenario de la comunicación de manera vertical y unidireccional. Esto es significativo ya que involucra la hegemonía de décadas de construir la realidad a través de la mediación social de grupos privados con intereses particulares. Esta circunstancia ha adquirido un carácter factual y trascendental, lo cual se verifica a través de la evidencia empírica correspondiente.

La Dra. Palmira Chavero, quien ocupa el cargo de Directora del Programa de Maestría en Comunicación y Opinión Pública de la Facultad Latinoamericana de Ciencias Sociales (FLACSO) en Ecuador, monitorea meticulosamente la tendencia decreciente del favoritismo público hacia los medios de información convencionales. Chavero (2016, 2017) opina que esta es una inclinación perdurable y representa una de las diversas circunstancias significativas de la introducción digital.

Sin embargo, las principales empresas se esfuerzan por adaptarse a las nuevas tendencias digitales, buscando integrarse en las redes y transformarse mediante plataformas afines a la cultura online, con el objetivo de influir lo máximo posible en las audiencias. El jefe de contenido de una de las compañías de noticias privadas más agresivas de España, que opera un periódico claramente de extrema derecha que llamaría la atención al ver una foto de Franco, hizo la siguiente declaración con respecto al trabajo de diseño gráfico que el grupo se comprometió con un documental lanzado en 2018: 'Nuestro objetivo es garantizar que nuestro periódico siga siendo fácilmente identificable en todas sus plataformas'.

Dejando a un lado este interesante debate sociopolítico que corrientemente tiene su lugar en otros foros, reflexionemos ahora acerca de los nuevos idiomas de la transición que están siendo conformados, los cuales no solamente se centran en la modificación del formato impreso al digital, sino que también involucran una transformación en las formas de expresión y exhibición del contenido, evidenciando un cambio significativo en la tecnología utilizada.

La instantaneidad y las actualizaciones en tiempo real a la hora de presentar la información son un tema de gran trascendencia. Sin embargo, la transformación también implica una modificación en cuanto a la presentación del contenido textual, la cual debe ser más concisa y acompañada de una mayor cantidad de elementos visuales. Es decir, mediante el uso de una imagen llamativa en la portada de la noticia, y otras tantas al realizar la expansión o seleccionar el artículo. Es imperativo que se minimice el peso de las imágenes en píxeles para garantizar una navegación óptima en el sitio web correspondiente.

Sin embargo, es importante destacar que la plataforma digital tiene la capacidad y, de hecho, lleva a cabo el enlace de numerosas otras fuentes de información relacionadas con el relato expuesto en cada nota particular. Este enlazamiento es efectivo para respaldar la narrativa o para mantener la atención y el compromiso del usuario, lo que podría resultar en una extensa interacción del lector/espectador con el contenido durante horas.

En la presente situación, la remuneración no se basa simplemente en la cantidad de periódicos vendidos, sino que incluye el tiempo que la audiencia pasa en el portal informativo, generando así mayores ingresos. Cuanto más extenso sea el lapso de tiempo durante el cual un usuario navegue en un determinado sitio web, mayor será el valor de los anuncios publicitarios ofrecidos por dicho portal. Estos anuncios podrán ser comercializados de forma independiente con el departamento de ventas del sitio en cuestión o a través de los servicios de mercadeo y venta provistos por buscadores de gran envergadura como

Google. En el caso de Google, se dispone de herramientas como Google AdSense y Google AdWords, las cuales permiten atender tanto a los creadores de contenido que buscan publicitarse, en el primer caso, como a los anunciantes, en el caso de AdWords. Dichas herramientas facilitan la oferta y la demanda de los anuncios disponibles a través de la amplia cartera de clientes globales que maneja Google. Esto indica que el cliente tiene la capacidad de coordinar con facilidad la promoción y exposición de su producto o servicio en cualquier parte del mundo, desde su oficina particular.

Este hecho implica una transformación significativa en el ámbito de la publicidad y el marketing, ya que en el pasado, cuando un usuario consultaba un medio impreso, solo tenía acceso a los anuncios publicitarios específicos de la localidad en la que se publicaba el periódico o revista. Actualmente, en la era digital, esto ha alcanzado otro nivel, ya que gracias a los algoritmos de Internet, los anuncios que se muestran al público son específicos para sus intereses, ubicación geográfica y necesidades.

Tomemos, por ejemplo, un usuario europeo ubicado en España, que está navegando en un sitio web mexicano en su dispositivo; en tal escenario, es poco probable que el usuario reciba anuncios relacionados con México; en cambio, es más probable que reciba publicidad relevante para España y Europa. Además, el medio digital brindará ofertas altamente atractivas para los intereses específicos del espectador, de acuerdo con su historial de búsqueda, donde las visualizaciones anteriores son registradas y cuidadosamente procesadas por la inteligencia de algoritmos artificiales capaces de identificar patrones. A través de este método, el medio digital puede determinar con precisión los temas de interés del espectador, teniendo en cuenta sus preferencias, temores y aspiraciones. En la actualidad, el procesamiento y manejo de grandes volúmenes de información, comúnmente denominado como big data, se perfila como un tema de gran relevancia en los ámbitos del mercadeo, comercio e influencia de opiniones, debido a sus notables beneficios, riesgos y preocupaciones asociadas. Abordaremos este tema en detalle en el capítulo subsiguiente que está dedicado a la disciplina de la Economía.

Retomando el lenguaje del periodismo impreso al cual hacemos mención,[6] se dirigía a un lector que se encontraba en una situación apremiante, razón por la cual, en el titular se resumía de manera sintética todo el contenido relevante de la información detallada en párrafos posteriores. En el ámbito del periodismo digital, en cambio, se utilizan encabezados que presentan una versión sugestiva, cautivadora pero insuficiente de la información, con la finalidad de estimular al usuario a permanecer en el sitio, profundizar y pulsar enlaces adicionales. Se han observado encabezados que informan que la célebre cantante Madonna optó por realizar una grabación fuera del territorio estadounidense. Te sorprendería saber en qué país, o de qué manera se establecerá el precio de los pasajes, así como también te causaría asombro conocer los dichos del rey de España con respecto al triunfo del PSOE.

Todo esto resulta ser un estímulo motivador para perseverar en la lectura y visualización. En la época anterior de la prensa impresa, titular de esa manera era considerado como un incumplimiento grave en la profesión periodística. Resultaba necesario exponer el asunto en su totalidad, si bien de forma concisa y clara en el encabezado. La primera instancia podría formularse de manera formal de la siguiente manera: "Fue algo así como Madonna estrenando un nuevo video musical, filmado en Barranquilla". La segunda instancia podría reformularse así: "Mediante un acuerdo alcanzado entre la industria del transporte y el gobierno, se ha aumentado el precio del pasaje en un dólar". La tercera instancia podría reafirmarse en un tono más formal: "El Rey felicitó al Partido Socialista por su triunfo, encomiando su perseverancia y destacando el civismo del proceso electoral". Aunque conciso y breve, el titular debe transmitir efectivamente la información necesaria dentro de su declaración.

Exceptuando las suscripciones, que sólo representaban una etapa final, el proceso de venta implicaba un acto físico en la calle. Por lo tanto, la técnica requerida para captar la atención de los transeúntes exigía habilidades poco comunes. La adquisición del periódico resultaba necesaria, en virtud de que la cubierta y contraportada, adornadas con titulares atractivos y cautivadores, eran los medios imprescindibles para promover la venta de cada unidad.

Antiguamente, el elemento central eran los encabezados altamente atractivos en las portadas y contraportadas, mientras que la táctica promocional incluía una ardua competición en los quioscos de venta ambulante para asegurar que la publicación y sus anuncios de primera o última página fuesen expuestos de manera visible, permitiendo así que los transeúntes los examinaran y posiblemente los adquirieran. Otra faceta relevante de la mercadotecnia aplicada al periodismo impreso desplazado, consistía en la implementación del método del voceo, en donde el pregonero de la noticia recurría a la emisión de sonidos elevados para captar la atención del público que transitaba por las calles, con miras a estimular la adquisición de los ejemplares.

En el presente período, resulta imperativo llamar la atención del usuario con un enfoque alternativo. En la búsqueda de atención, el esquema multiplataforma es el utilizado de manera necesaria. Actualmente, las plataformas digitales utilizan la difusión de sus titulares a través de canales de redes sociales como Twitter, Instagram, Facebook, entre otros, para captar audiencias de nichos diversos y específicos a través de diversos medios de vinculación. Se recurre incluso a motores informáticos o "robots" que se programan para publicar repetitivamente los titulares mediante las cuentas de redes sociales con el fin de capturar la atención de la audiencia navegante en la web de manera continua. Además, se aprovecha la actualización del portal con información fresca como excusa para aumentar el número de visualizaciones. Observamos que se presenta una atmósfera distinta, caracterizada por una variedad de hábitos diversos, así como cambios en las necesidades y solicitudes.

Ya sea que se imprima en forma tradicional, como se practicaba en el pasado; o se publique en formato digital, como es costumbre en la actualidad; independientemente del formato o canal utilizado para difundir información de relevancia e interés público, la investigación minuciosa de los temas a tratar previa a la comunicación de los mismos, es intrínseca al ejercicio periodístico auténtico. Esta exigencia ha sido una constante en la era analógica, con la antigua máquina mecánica, y continúa siendo una necesidad apremiante en la brillante era digital que tenemos el privilegio de disfrutar en la actualidad. Como acertadamente afirma Randall (2008), "el periodista requiere una lectura extensiva como práctica esencial". Poseer habilidades y competencias que permitan llevar a cabo investigaciones tanto en el ámbito digital como en el físico. Llevar a cabo una investigación exhaustiva y preparar adecuadamente la propia narrativa para comunicar con eficacia.

En resumen, el estancado campo del periodismo se ha visto trastornado por el auge tecnológico, y considerando el surgimiento de nuevos sitios de información como los portales de noticias digitales, la propuesta -como se mencionó anteriormente- se centra en el uso de contenidos escritos concisos complementados con medios visuales. . Específicamente, se recomienda priorizar el uso de imágenes sobre el texto e incorporar movimiento dinámico dentro de estas imágenes. En la actualidad, en el ámbito del ejercicio profesional de la comunicación, resulta difícil de comprender y no se admite un enfoque periodístico que carezca de imágenes. El contenido textual por sí solo presenta un desafío en términos de comprensión para las audiencias contemporáneas. Habrá sus excepciones. En términos generales, la audiencia muestra interés por imágenes y videos que proporcionen comprobación y fascinación, recursos que son proporcionados por las imágenes en movimiento.

www.ingramcontent.com/pod-product-compliance
Lightning Source LLC
Chambersburg PA
CBHW050356120526
44590CB00015B/1714